Entwurf eines Gesetzes zur Neuordnung des Geldwesens

(Homburger Plan)

Vorgelegt von der
Verwaltung für Finanzen
des Vereinigten Wirtschaftsgebiets
Bad Homburg v. d. H.

Heidelberg · Berlin · Göttingen
Springer-Verlag
1948

Curt Fischer
Freiburg i. Br., 11. 6. 1911

ISBN 978-3-642-49423-9 ISBN 978-3-642-49702-5 (eBook)
DOI 10.1007/978-3-642-49702-5

Softcover reprint of the hardcover 1st edition 1948

Veröffentlicht unter Zulassung Nr. US-W-1093
der Nachrichtenkontrolle der Militärregierung

Vorwort

Durch Beschluß des Wirtschaftsrates vom 23. Juli 1947 wurde in organisatorischer Anlehnung an die Verwaltung für Finanzen des Vereinigten Wirtschaftsgebietes ein kleines Gremium deutscher Sachverständiger ausgewählt, dem unter Leitung des jetzigen Direktors der Verwaltung für Wirtschaft, Prof. Dr. Ludwig Erhard, und unter der Bezeichnung „Sonderstelle Geld und Kredit" die Aufgabe gestellt war, unter Beachtung der Vielzahl privater Pläne, Vorschläge und Wünsche von deutschen Wissenschaftlern und Praktikern auf der Grundlage einer fundierten fachmännischen Kenntnis der Strukturbedingungen der deutschen Volkswirtschaft und der engen Vertrautheit mit der psychologischen Verfassung des eigenen Volkes einen offiziellen deutschen Plan auszuarbeiten. Die Sonderstelle Geld und Kredit hat diese Aufgabe in mehr als halbjähriger Arbeit, unabhängig und unbeeinflußt von den Militärregierungen und den politischen Parteien, erfüllt.

Auf Wunsch der zuständigen Militärregierungen sollte das Arbeitsergebnis der Öffentlichkeit erst bekanntgegeben werden, nachdem die Prüfung abgeschlossen war, ob und inwieweit der deutsche Plan bei der endgültigen Fassung der Militärgesetze zur Geldreform berücksichtigt werden würde. Nachdem die Währungsreform durch Militärgesetz verfügt worden ist, wird der „Homburger Plan" (Entwurf eines Gesetzes zur Neuordnung des Geldwesens), in der zum 18. April 1948 abgeschlossenen Fassung, der Öffentlichkeit vorgelegt.

Die Sonderstelle Geld und Kredit hatte die Absicht, dem Entwurf eine Begründung beizugeben. Zur Anfertigung einer solchen Begründung ist es aber nicht mehr gekommen, da die Mitglieder der Sonderstelle durch unaufschiebbare Aufgaben anderweit stark in Anspruch genommen waren. Zum besseren Verständnis des Entwurfs hat deshalb Dr. Curt Fischer, Wiesbaden, der im Auftrage des Direktors der Verwaltung für Finanzen laufend an den Arbeiten der Sonderstelle beteiligt war, erläuternde Bemerkungen zum Gesetzentwurf verfaßt, die dieser Veröffentlichung beigefügt sind.

Wenn in dem Gesetzenwurf und in den Bemerkungen dazu der gebietsmäßige Ausdruck „Vereinigtes Wirtschaftsgebiet" verwendet worden ist, so darf darin nicht der Ausdruck für den Versuch gesucht werden, unter Ausschaltung von ein oder zwei Besatzungszonen Deutschlands eine getrennte Währungsreform für das derzeit nur die amerikanische und britische Zone umfassende Wirtschaftsgebiet in Vorschlag zu bringen. Im Gegenteil sollten mit dem Gebrauch dieser Bezeichnung alle politischen Fragen und Möglichkeiten der Wiedervereinigung des zonengetrennten Deutschlands von der Sachaufgabe der Währungsreform isoliert und keine Lösung dieser Schicksalsfrage durch den „Homburger Plan" präjudiziert werden.

Homburg v. d. H., am 30. Juni 1948.

Inhaltsverzeichnis

Erster Abschnitt

Umstellung von Reichsmark auf Mark

Zweiter Abschnitt

Verminderung des Geldumlaufs

Dritter Abschnitt

Bestimmungen für Kreditinstitute

Vierter Abschnitt

Bestimmungen für bestehende Schuldverhältnisse

Fünfter Abschnitt

Lastenausgleich

Sechster Abschnitt

Vorschriften verschiedenen Inhalts

Bemerkungen zum Gesetz

Erster Abschnitt

Umstellung von Reichsmark auf Mark

§ 1

Einführung der Markwährung

(1) An die Stelle der Reichsmarkwährung tritt im Vereinigten Wirtschaftsgebiet am (Tag 2)[1] die Markwährung. Ihre Rechnungseinheit bildet die Mark, die in hundert Pfennig eingeteilt ist.

(2) Die auf Mark oder Pfennig lautenden Noten und Münzen der Bank Deutscher Länder sind vom (Tag 2) an gesetzliches Zahlungsmittel.

(3) Geldschulden dürfen nur mit Genehmigung der für die Erteilung on Devisengenehmigungen zuständigen Stelle in einer anderen Währung als in Mark eingegangen werden. Das gleiche gilt für Geldschulden, deren Höhe durch den Kurs einer solchen anderen Währung oder durch den Preis des Feingoldes oder anderer Güter oder durch den Preis von Leistungen bestimmt werden soll.

§ 2

Umstellung auf die Rechnungseinheit Mark

(1) Soweit dieses Gesetz oder die zu seiner Durchführung erlassenen Vorschriften nichts anderes anordnen oder zulassen, sind alle Zahlungen, die nach Vereinbarung oder Gesetz in Reichsmark, Goldmark oder Rentenmark zu leisten sind, vom (Tag 2) an zu demselben Nennbetrag in Mark zu leisten.

(2) Bilanzen für einen dem (Tag 1) folgenden Stichtag sowie Gewinn- und Verlustrechnungen für einen Zeitraum, der ganz oder zum Teil in die Zeit nach dem (Tag 1) fällt, sind in Mark aufzustellen. Dabei sind eine Reichsmark, Goldmark oder Rentenmark, vorbehaltlich besonderer Vorschriften über die Auswirkungen der Neuordnung des Geldwesens auf Bilanzen sowie Gewinn- und Verlustrechnungen, grundsätzlich einer Mark gleichzusetzen.

(3) Sind in Gesetzen, Verordnungen oder rechtsgeschäftlichen Erklärungen die Rechnungseinheiten Reichsmark, Goldmark oder

[1] Anmerkung: Tag 2 soll ein Montag sein; von diesem Zeitpunkt ab gilt das neue Geld. Am vorhergehenden Sonntag (Tag 1) wird die Bevölkerung mit dem Kopfbetrag (§ 4) ausgestattet.

Rentenmark verwendet worden, so tritt an deren Stelle auch in den Fällen, die nicht in den Abs. 1 bis 2 geregelt werden, die Rechnungseinheit Mark, soweit dem nicht besondere Vorschriften entgegenstehen.

Zweiter Abschnitt

Verminderung des Geldumlaufs

§ 3

Umwandlung von Altgeld in Neugeld

(1) Das in § 2 Abs. 1 festgelegte Wertverhältnis von eins zu eins gilt für den Umtausch von Altgeld in Neugeld nur für einen Kopfbetrag von fünfzig Reichsmark (§ 4). Für die darüber hinausgehenden Altgeldbestände erhalten die Altgeldbesitzer:

a) Neugeld im Nennbetrage von 20 vom Hundert des Altgeldbestandes, und zwar
 5 vom Hundert frei verfügbares Neugeld (§ 7),
 15 vom Hundert gesperrtes Neugeld (§ 8),

b) Reichsmark-Liquidationsanteile im Nennbetrage von 80 vom Hundert des Altgeldbestandes (§ 9).

(2) Für den Umtausch der Altgeldbestände der Kreditinstitute im Vereinigten Wirtschaftsgebiet gelten die Vorschriften des § 11.

(3) Altgeld sind:

1. folgende Noten und Münzen, soweit sie sich beim Inkrafttreten dieses Gesetzes im Umlauf befinden und noch nicht außer Kurs gesetzt worden sind:
   a) auf Reichsmark lautende Reichsbanknoten,
   b) auf Rentenmark lautende Rentenbankscheine,
   c) in Deutschland in Umlauf gesetzte Marknoten der Alliierten Militärbehörde,
   d) auf Reichsmark, Reichspfennig oder Rentenpfennig lautende Münzen mit Ausnahme der auf 1 Reichspfennig und 1 Rentenpfennig lautenden Münzen,
2. Reichsmarkguthaben bei Kreditinstituten des Vereinigten Wirtschaftsgebietes, gleichviel, ob die Guthaben bereits fällig sind oder ob sie erst später fällig werden oder durch Kündigung fällig gemacht werden können.

(4) Neugeld sind:

1. die auf Mark oder Pfennig lautenden Noten und Münzen der Bank Deutscher Länder,
2. die auf Grund früherer Gesetze und Verordnungen ausgeprägten Münzen über 1 Pfennig, 1 Rentenpfennig und 1 Reichspfennig,
3. Markguthaben bei einem Kreditinstitut.

(5) Kreditinstitute im Sinne dieses Gesetzes sind die Banken, Bankgeschäfte, Sparkassen und Genossenschaftsbanken einschließlich der Girozentralen und zentralen Genossenschaftskassen, ferner die Bank Deutscher Länder und die Landeszentralbanken, die Postscheckämter, die Postsparkasse sowie alle sonstigen Kreditinstitute des öffentlichen Rechts.

§ 4

Kopfbetrag

(1) Jeder Einwohner des Vereinigten Wirtschaftsgebietes erhält gegen Ablieferung eines hierfür in einer Durchführungsverordnung aufzurufenden Abschnittes seiner Lebensmittelkarte am (Tag 1)[1] bei den hierfür bestimmten Umtauschstellen im Umtausch gegen Altgeldmünzen oder Altgeldnoten desselben Nennbetrages bis zu fünfzig Mark in bar (Kopfbetrag).

(2) Wer nicht genügend Barmittel zum Umtausch des Kopfbetrages zur Verfügung hat, kann die erforderlichen Altgeldbeträge ohne Rücksicht auf bestehende Kündigungsvorschriften von seinem Altgeldguthaben bei einem Kreditinstitut abheben.

(3) Das Umtauschverfahren wird durch eine Durchführungsverordnung geregelt. Die Durchführungsverordnung kann auch Bestimmungen darüber treffen, ob und unter welchen Voraussetzungen der Kopfbetrag nachträglich ausgezahlt werden darf.

§ 5

Einzahlung der Altgeldnoten und Altgeldmünzen auf Altgeldkonten

(1) Über Altgeld kann vom (Tag 2) an, vorbehaltlich der Vorschriften der §§ 6, 10, 15 und 34, nur noch nach Maßgabe der folgenden Bestimmungen verfügt werden.

(2) Natürliche Personen, die ausweislich ihres Personalpapiers (in der amerikanischen Besatzungszone: die Kennkarte; in der britischen Besatzungszone: der Personalausweis) am (Tag 1) ihren Wohnsitz oder gewöhnlichen Aufenthaltsort im Vereinigten Wirtschaftsgebiet haben, können die in ihrem Besitz befindlichen Altgeldnoten und Altgeldmünzen in der Zeit vom (Tag 2) bis zum (Tag 11) auf ein von ihnen bei einem Kreditinstitut unterhaltenes Altgeldkonto einzahlen. Die Einzahlung auf mehrere Konten ist unzulässig; jedoch dürfen

---

[1] Anmerkung: Ein Sonntag; am darauffolgenden Montag (Tag 2) verliert die Reichsmark grundsätzlich die Eigenschaft eines gesetzlichen Zahlungsmittels (§ 5, Abs. 1).

Rechtsanwälte, Notare, Treuhänder und Angehörige anderer Berufsgruppen, deren Beruf oder Gewerbe die Aufbewahrung und Verwaltung fremder Gelder regelmäßig mit sich bringt, die von ihnen für andere Personen verwahrten Altgeldnoten und Altgeldmünzen auf Anderkonten einzahlen.

(3) Besitzt jemand kein Altgeldkonto oder ist er infolge einer Reise oder aus anderen Gründen an der rechtzeitigen Einzahlung auf ein bestehendes Altgeldkonto verhindert, so darf er die in seinem Besitz befindlichen Altgeldnoten und Altgeldmünzen auf ein neu zu errichtendes Altgeldkonto einzahlen. Die Kreditinstitute sind in diesen Fällen im Rahmen der bestehenden gesetzlichen Vorschriften zur Eröffnung neuer Altgeldkonten verpflichtet.

(4) Juristische Personen und sonstige Personenvereinigungen können ohne Rücksicht auf ihren Sitz die von ihnen im Vereinigten Wirtschaftsgebiet unterhaltenen Bestände an Altgeldnoten und Altgeldmünzen in der Zeit vom (Tag 2) bis zum (Tag 11) auf solche Altgeldkonten einzahlen, die sie bereits vor dem (Tag 1) errichtet haben. Den juristischen Personen stehen Einzelkaufleute hinsichtlich ihrer im Vereinigten Wirtschaftsgebiet ins Handelsregister eingetragenen Zweigniederlassungen gleich.

(5) Kreditinstitute im Vereinigten Wirtschaftsgebiet können die in ihrem Besitz befindlichen Altgeldnoten und Altgeldmünzen noch bis zum (Tag 21) auf ihr Konto bei einem anderen Kreditinstitut und bis zum (Tag 31) auf Girokonto bei der für sie zuständigen Landeszentralbank einzahlen.

§ 6

Auflösung der Altgeldkonten

(1) Sobald der Inhaber eines Altgeldkontos zu Lasten desselben Markbeträge abheben oder überweisen will, spätestens jedoch am (1 Monat nach Tag 2), schreibt das Kreditinstitut dem Kontoinhaber zu Lasten seines Altgeldkontos

a) 5 vom Hundert des Altgeldguthabens auf Freikonto (§ 7),
b) 15 vom Hundert des Altgeldguthabens auf Festkonto (§ 8),
c) 80 vom Hundert des Altgeldguthabens als Reichsmark-Liquidationsanteil (§ 9),

gut.

(2) Die Vorschriften des Abs. 1 gelten nicht:

1. für Postscheckkonten (Abs. 3),
2. für andere Altgeldguthaben im Betrage von nicht mehr als fünfhundert Reichsmark (Abs. 4),
3. für Altgeldguthaben des Reichs sowie der NSDAP., ihrer Gliederungen und angeschlossenen Verbände (Abs. 5).

(3) Die Postscheckämter schreiben ihren Einlegern ebenfalls fünf vom Hundert des bei Ablauf des (Tag 1) vorhandenen Altgeldguthabens und der nachträglichen Eingänge darauf auf Freikonto gut. Die restlichen fünfundneunzig vom Hundert haben sie bis zum (1 Monat nach Tag 2) unter der Bezeichnung „gesperrtes Altgeld" zugunsten des Kunden an ein von diesem zu bezeichnendes Kreditinstitut zu überweisen. Das von dem Kunden benannte Kreditinstitut hat von dem bei ihm unter der Bezeichnung „gesperrtes Altgeld" eingehenden Betrag dem Kunden drei Neunzehntel auf Festkonto und sechzehn Neunzehntel als Reichsmark-Liquidationsanteil gutzuschreiben.

(4) Bei anderen Altgeldguthaben ist, wenn sie sich bei Ablauf des (Tag 1) auf nicht mehr als 500 Mark belaufen und wenn sie diesen Betrag auch bis zum (3 Monate nach Tag 1) nicht überschreiten, von der in Abs. 1 vorgesehenen Aufschlüsselung abzusehen.

(5) Altgeldguthaben des Reichs und Altgeldguthaben der NSDAP, ihrer Gliederungen und angeschlossenen Verbände erlöschen.

§ 7
Freikonto

(1) Der Kontoinhaber kann über das Freikonto (§ 6 Abs. 1 Buchst. a) sofort frei verfügen; gesetzliche, behördliche oder vertragliche Verfügungsbeschränkungen, denen sein Altgeldkonto unterworfen war, gelten jedoch auch für das Freikonto.

(2) Überschreitet ein Altgeldguthaben in der Zeit vom Inkrafttreten dieses Gesetzes bis zum (Tag 11) den Betrag von zehntausend Reichsmark, so sind Verfügungen über das Altgeldguthaben oder über das daraus herrührende Guthaben auf Freikonto nur mit Genehmigung des für den Kontoinhaber zuständigen Finanzamtes zulässig. Dies gilt nicht, wenn der Kontoinhaber dem Kreditinstitut durch Vorlage von Steuerbelegen nachweist, daß er von einem Finanzamt im Vereinigten Wirtschaftsgebiet zur Einkommensteuer, Körperschaftssteuer oder Vermögenssteuer veranlagt worden ist.

(3) Überschreitet das Altgeldguthaben einer natürlichen Person in der Zeit vom Inkrafttreten dieses Gesetzes bis zum (Tag 11) den Betrag von fünfzigtausend Reichsmark, so hat das Kreditinstitut dies dem Finanzamt des Kontoinhabers unverzüglich anzuzeigen. Das Finansamt kann anordnen, daß Verfügungen über das Altgeldguthaben oder über das daraus herrührende Guthaben auf Freikonto oder über bestimmte Teilbeträge derselben bis zur Klärung der steuerlichen Verhältnisse des Kontoinhabers nur mit Zustimmung des Finanzamtes zulässig sind.

§ 8

Festkonto

(1) Über das Festkonto (§ 6 Abs. 1 Buchst. b) kann nur verfügt werden, soweit dieses Gesetz es zuläßt. Verfügungen im Wege der Zwangsvollstreckung stehen rechtsgeschäftlichen Verfügungen gleich.

(2) Die Überweisung von einem Festkonto auf ein anderes Festkonto derselben natürlichen oder juristischen Person oder derselben Personenvereinigung ist zulässig. Der Kontoinhaber kann ferner sein Guthaben auf Festkonto zur Sicherung seiner Verbindlichkeiten gegenüber Fürsorge-, Steuer- und Zollbehörden auf Festkonten dieser Behörden überweisen. Der sicherungshalber überwiesene Betrag kann auf das Festkonto des Schuldners zurückübertragen werden.

(3) Kann das Kreditinstitut, bei dem das Festkonto unterhalten wird, aus einer Wechselforderung gegen den Kontoinhaber keine anderweitige Befriedigung erlangen, so ist es mit Zustimmung der zuständigen Landeszentralbank berechtigt, gegen das Guthaben auf dem Festkonto mit seinem Anspruch aus dem Wechsel aufzurechnen. Die Bank Deutscher Länder bestimmt nach Anhörung oder auf Antrag des Währungsamts (§ 38) den Zeitpunkt, zu dem diese Aufrechnungsbefugnis der Kreditinstitute wegfällt. Die Anordnung der Bank Deutscher Länder ist mindestens drei Monate vor diesem Zeitpunkt bekanntzumachen.

(4) Die Festkonten werden am .... 1952 Freikonten. Erklärt die Bank Deutscher Länder nach Anhörung des Währungsamts spätestens am (3 Monate vor dem .... 1952) die Umwandlung in Freikonten währungspolitisch nicht oder nur in Ansehung bestimmter Teile der Festkonten für vertretbar, so werden die Guthaben auf Festkonten oder entsprechende Teilbeträge derselben mit Wirkung vom .... 1952 in Anteile an einer Ablösungsanleihe der Westdeutschen Ausgleichskasse (§ 25) umgewandelt. Die Anleihe ist angemessen zu verzinsen und laufend zu tilgen. Das Vereinigte Wirtschaftsgebiet und die ihm angehörenden Länder haften mit ihrem Vermögen für Kapital und Zinsen der Ablösungsanleihe. Das Nähere bestimmt eine Durchführungsverordnung.

(5) Die Bank Deutscher Länder kann, wenn die währungspolitische Lage es gestattet, auf Antrag des Währungsamtes schon vor dem .... 1952 anordnen, daß bestimmte Teilbeträge oder Vom-Hundert-Sätze aller Festkonten auf Freikonten umgeschrieben werden. Die Bank Deutscher Länder kann ferner unter derselben Voraussetzung unwiderruflich oder auf Widerruf bestimmen, daß über die Guthaben auf Festkonten durch Überweisung auf andere Festkonten verfügt werden darf.

(6) Die Guthaben auf Festkonten sind vom (1 Monat nach Tag 2) an mit eins vom Hundert jährlich zu verzinsen. Die Bank Deutscher Länder kann auf Antrag des Währungsamtes den Zinssatz im Einvernehmen mit dem Direktor der Verwaltung für Finanzen bis auf drei vom Hundert hinaufsetzen. Die Zinsen werden spätestens am .... 1952 auf Freikonto gutgeschrieben.

§ 9

Reichsmark-Liquidationsanteile

(1) Über Reichsmark-Liquidationsanteile kann nur verfügt werden, soweit gesetzliche Vorschriften es ausdrücklich zulassen. Verfügungen im Wege der Zwangsvollstreckung stehen rechtsgeschäftlichen Verfügungen gleich. Die Umschreibung von einem Reichsmark-Liquidationsanteilkonto auf ein anderes Reichsmark-Liquidationsanteilkonto derselben natürlichen oder juristischen Person oder derselben Personenvereinigung ist zulässig.

(2) Die Buchung eines Reichsmark-Liquidationsanteils zugunsten eines Kontoinhabers geschieht namens der Westdeutschen Ausgleichskasse (§ 25) und begründet für das kontoführende Kreditinstitut keine eigene Verbindlichkeit gegenüber dem Kontoinhaber. Die Kreditinstitute haben aber den Gesamtbetrag der für ihre Einleger gehaltenen Reichsmark-Liquidationsanteile in ihren Bilanzen nachrichtlich zu vermerken. Der von einem Kreditinstitut für seine Einleger gehaltene Gesamtbetrag wird im Schuldbuch der Ausgleichskasse unter dem Namen des Kreditinstitutes zu einem Sammelanteil zusammengefaßt, sobald das Kreditinstitut entsprechende Aktivposten seiner Bilanz gemäß § 10 auf die Ausgleichskasse übertragen hat; zu diesem Zeitpunkt erlöschen die Verbindlichkeiten des Kreditinstitutes aus dem Altgeldguthaben des Kontoinhabers in Höhe des dem Kontoinhaber als Reichsmark-Liquidationsanteil gutgeschriebenen Betrages.

Dritter Abschnitt

Bestimmungen für Kreditinstitute

§ 10

Übertragung von Aktiven auf die Westdeutsche Ausgleichskasse

(1) Nach Ablauf einer Abwicklungsfrist von drei Monaten seit dem (Tag 2) haben die Kreditinstitute Aktiven in Höhe der für ihre Einleger gehaltenen Reichsmark-Liquidationsanteile und in Höhe des Betrages, um den sich ihre Verbindlichkeiten gemäß § 6 Abs. 4 und 5 verringern,

auf die Westdeutsche Ausgleichskasse zu übertragen. Hierzu sind in folgender Reihenfolge zu verwenden:

1. Forderungen gegen das Reich, soweit sie nicht unter Ziffer 7 fallen,
2. Forderungen gegen die NSDAP, ihre Gliederungen und angeschlossenen Verbände,
3. Guthaben bei Kreditinstituten, soweit diese Guthaben von der Bankenschließung oder der Sperre alter Bankguthaben in der sowjetischen Besatzungszone und in Berlin betroffen sind,
4. Guthaben bei Kreditinstituten, die ihren Sitz oder Ort der Niederlassung im Gebiete des Deutschen Reichs, wie es am 31. Dezember 1937 bestanden hat, jedoch östlich der Oder-Neiße-Linie haben oder hatten,
5. Vermögenswerte der Kreditinstitute, die gemäß Art. II, III des Gesetzes Nr. 53 der Militärregierung angemeldet oder abgeliefert worden sind,
6. Forderungen, für die das Reich eine Bürgschaft oder eine Garantie übernommen hat, soweit die Geltendmachung der Forderung gegen den Hauptschuldner nach Ansicht des Kreditinstituts keine Aussicht auf Erfolg bietet,
7. Reichsschatzanweisungen und andere verbriefte oder in das Reichsschuldbuch eingetragene Forderungen gegen das Reich sowie Miteigentumsrechte an solchen Forderungen,
8. Forderungen gegen die frühere Reichsbank.

Aktiven der vorbezeichneten Art, die den Kreditinstituten durch Eingriff von hoher Hand entzogen worden sind, gelten für die Zwecke dieses Gesetzes als noch im Eigentum der Kreditinstitute befindlich; ihre Übertragung auf die Westdeutsche Ausgleichskasse schließt die Übertragung eines etwaigen Entschädigungsanspruches für ihren Verlust in sich ein.

(2) Die Kreditinstitute haben, soweit ihnen Aktiven der in Abs. 1 bezeichneten Art nicht zur Verfügung stehen, diejenigen Kreditinstitute im Vereinigten Wirtschaftsgebiet, bei denen sie Altgeldguthaben unterhalten, zu beauftragen, ihnen solche Aktiven zu überlassen oder zu beschaffen und für ihre Rechnung auf die Westdeutsche Ausgleichskasse zu übertragen. Das beauftragte Kreditinstitut ist zur Ausführung des Auftrages verpflichtet.

(3) Die Westdeutsche Ausgleichskasse kann außer den im Abs. 1 bezeichneten Werten auch andere Aktiven übernehmen. Sie übernimmt die in Abs. 1 Ziffer 7 und 8 aufgeführten Aktiven zum Nennwert; Zinsansprüche bleiben außer Betracht. Sonstige Aktiven übernimmt die Ausgleichskasse zum Bilanzwert; in begründeten Ausnahmefällen kann sie einen anderen Preis festsetzen.

§ 11
Altgeldguthaben der Kreditinstitute

Die Altgeldguthaben bei anderen Kreditinstituten im Vereinigten Wirtschaftsgebiet, die den Kreditinstituten nach Erfüllung ihrer Verpflichtungen aus § 10 verbleiben, werden gemäß § 2 Abs. 1 in Markguthaben umgewandelt. Die Altgeldguthaben der privaten Hypothekenbanken, Schiffspfandbriefbanken und öffentlich-rechtlichen Kreditanstalten unterliegen jedoch den Vorschriften des § 3 Abs. 1 Satz 2, soweit die Guthaben als Ersatzdeckung für die von diesen Kreditinstituten ausgegebenen Schuldverschreibungen dienen (§ 22 Abs. 4).

§ 12
Anlage- und Liquiditätsvorschriften

Die Bank Deutscher Länder erläßt zum Schutze der Währung und zur Gewährleistung einer Kreditpolitik, die den volkswirtschaftlichen Bedürfnissen entspricht, nach Anhörung des Währungsamtes besondere Anlage- und Liquiditätsvorschriften für die Einlagen auf Festkonten.

§ 13
Bankenausgleich

(1) Die Landeszentralbanken sind verpflichtet, Aktiven der in § 10 Abs. 1 bezeichneten Art, die einem Kreditinstitut nach Erfüllung seiner Verpflichtungen aus § 10 verblieben sind, auf Verlangen des Kreditinstituts zu übernehmen und den Gegenwert auf Girokonto gutzuschreiben; die Bewertungsvorschriften des § 10 Abs. 3 finden entsprechende Anwendung. Etwaige Vermögensvorteile aus dieser Regelung sind über die von den Kreditinstituten zu entrichtende Zuwachsabgabe (§ 27) und Stammabgabe (§ 28) hinaus besonders zu erfassen; das Nähere regelt eine Durchführungsverordnung. Die Vorschriften des Satz 1 gelten nicht für Schuldverschreibungen des Reichs, soweit dieselben als Ersatzdeckung für Schuldverschreibungen dienen, die von privaten Hypothekenbanken, Schiffspfandbriefbanken und öffentlich-rechtlichen Kreditanstalten ausgegeben worden sind.

(2) Die Hauptverwaltung für Post und Fernmeldewesen ist verpflichtet, die von den Postscheckämtern bei den Landeszentralbanken unterhaltenen Girokonten so auszustatten, daß die gemäß § 6 Abs. 3 als „gesperrtes Altgeld“ abgesonderten Einlagen der Postscheckkunden an die von den Kunden bezeichneten Kreditinstitute überwiesen werden können. Soweit die flüssigen Mittel, die von der Hauptverwaltung für Post und Fernmeldewesen und den ihr unterstellten Einrichtungen verwaltet werden, hierzu nicht ausreichen, sind die Landeszentralbanken auf Verlangen der Bank Deutscher Länder verpflichtet, von

der Hauptverwaltung für Post und Fernmeldewesen Vermögenswerte der in § 10 Abs. 1 bezeichneten Art zu übernehmen und den Gegenwert auf Girokonto gutzuschreiben. Die Bewertungsvorschriften des § 10 Abs. 3 finden entsprechende Anwendung.

(3) Die Bestände der Landeszentralbanken an Altgeldnoten und Altgeldmünzen und die unter § 10 Abs. 1 fallenden Aktiven der Landeszentralbanken werden von der Bank Deutscher Länder gegen Gutschrift des Gegenwerts auf Girokonto übernommen, soweit sie von den Landeszentralbanken nicht zur Erfüllung ihrer Verpflichtungen aus § 10 benötigt werden. Die Bewertungsvorschriften des § 10 Abs. 3 finden entsprechende Anwendung.

(4) Die Liquidation der Deutschen Reichsbank und der Deutschen Rentenbank wird durch besonderes Gesetz geregelt.

§ 14

Stabilisierungsanleihe

(1) Der Direktor der Verwaltung für Finanzen des Vereinigten Wirtschaftsgebietes wird ermächtigt, zur Deckung der Verbindlichkeiten der Bank Deutscher Länder aus § 13 Abs. 3 eine Anleihe des Vereinigten Wirtschaftsgebietes zu begeben (Stabilisierungsanleihe). Die Anleiheschuld entsteht gegenüber der Bank Deutscher Länder, sobald und soweit die Bank Vermögenswerte der in § 13 Abs. 3 bezeichneten Art auf den Direktor der Verwaltung für Finanzen überträgt.

(2) Zum Erwerb der Anleihe sind nur die Kreditinstitute im Vereinigten Wirtschaftsgebiet zugelassen und im Rahmen des § 12 verpflichtet.

(3) Die Stabilisierungsanleihe ist vom (1Monat nach Tag 2) an mit eineinhalb vom Hundert jährlich zu verzinsen. Wird der Zinssatz der Festkonten gemäß § 8 Abs. 6 hinaufgesetzt, so erhöht sich der Zinssatz der Stabilisierungsanleihe für diejenigen Anleiheteile, die von den Landeszentralbanken an andere Kreditinstitute veräußert worden sind, entsprechend bis auf dreieinhalb vom Hundert. Das Nähere über die Ausstattung der Stabilisierungsanleihe bestimmt eine Durchführungsverordnung.

Vierter Abschnitt

Bestimmungen für bestehende Schuldverhältnisse

§ 15

Fällige und kurzfristig fällig werdende Verbindlichkeiten

(1) Der Gläubiger einer in Reichsmark erfüllbaren Forderung, die vor dem (Tag 2) entstanden ist oder auf einem vor diesem Zeitpunkt begründeten Rechtsverhältnis beruht, hat, wenn die Forderung vor

dem Inkrafttreten dieses Gesetzes fällig geworden ist oder infolge einer vor diesem Zeitpunkt ausgesprochenen Kündigung oder aus anderen Gründen vor dem (3 Monate nach dem Tag 2) fällig wird, nur Anspruch auf quotale Bezahlung (Abs. 2). Zahlungen in anderer Weise haben keine schuldbefreiende Wirkung. Entgegenstehende Vereinbarungen sowie Vereinbarungen über Stundung oder Erlaß solcher Forderungen sind verboten und nichtig.

(2) Bei quotaler Bezahlung erhält der Gläubiger

a) 5 vom Hundert des geschuldeten Betrages auf Freikonto,

b) 15 vom Hundert des geschuldeten Betrages auf Festkonto,

c) 80 vom Hundert des geschuldeten Betrages in Reichsmark-Liquidationsanteilen.

Der quotalen Bezahlung steht die Überweisung des geschuldeten Betrages von Reichsmarkkonto auf Reichsmarkkonto oder von quotal geschlüsselten Konten auf Reichsmarkkonto oder von Reichsmarkkonto auf quotal geschlüsselte Konten gleich. In allen Fällen kann sich das mit der Überweisung beauftragte Kreditinstitut zur Überweisung des geschuldeten Betrages der bestehenden Reichsmarkgironetze bedienen.

(3) Stehen dem Schuldner keine eigenen quotalen Mittel zur Verfügung oder erfolgt die Zahlung erst nach Ablauf einer Abwicklungsfrist von drei Monaten nach dem (Tag 2), so hat der Schuldner die Schuldsumme auf ein Freikonto der Westdeutschen Ausgleichskasse bei einem Kreditinstitut zu überweisen und das Kreditinstitut zu beauftragen, den Gläubiger zu Lasten der Ausgleichskasse quotal zu befriedigen.

(4) Die quotale Bezahlung kann nur durch Überweisung auf ein Konto des Gläubigers bei einem Kreditinstitut im Vereinigten Wirtschaftsgebiet erfolgen. Besitzt der Gläubiger kein Konto bei einem Kreditinstitut im Vereinigten Wirtschaftsgebiet oder ist dem Schuldner nicht bekannt, bei welchem Kreditinstitut im Vereinigten Wirtschaftsgebiet der Gläubiger ein Konto unterhält, so kann der Schuldner den geschuldeten Betrag mit schuldbefreiender Wirkung an ein von ihm ausgewähltes Kreditinstitut im Vereinigten Wirtschaftsgebiet zugunsten des Gläubigers überweisen.

(5) Der Gläubiger einer Forderung der im Abs. 1 bezeichneten Art ist innerhalb der Abwicklungsfrist des Abs. 3 zur Annahme der Leistung auch dann verpflichtet, wenn die Zahlung vor dem Eintritt der Fälligkeit geleistet wird. Der Gläubiger ist innerhalb der Abwicklungsfrist des Abs. 3 ferner verpflichtet, dem Schuldner über Forderungen der im Abs. 1 bezeichneten Art auf Verlangen unverzüglich Rechnung zu erteilen; der Schuldner wird von seiner Verbindlichkeit frei, wenn der Gläubiger dem Verlangen des Schuldners nicht binnen einer Frist von einem Monat nach Zugang der Aufforderung nachkommt.

(6) Aufträge auf quotale Überweisung unter Inanspruchnahme eigener quotaler Mittel des Auftraggebers dürfen von den Kreditinstituten nur ausgeführt werden, wenn sie sich durch eine vom Kontoinhaber unter Bezugnahme auf die Strafvorschriften dieses Gesetzes ausgestellte Erklärung oder auf andere Weise Gewißheit verschafft haben, daß die Überweisung zur Abdeckung einer unter Abs. 1 fallenden Verbindlichkeit des Kontoinhabers gegenüber dem Überweisungsempfänger vorgenommen wird.

(7) Fällige Geldschulden von nicht mehr als zweihundert Reichsmark, die vor dem (Tag 2) entstanden sind, können bis zum (Tag 6) auch durch Barzahlung mit Altgeldnoten oder Altgeldmünzen beglichen werden. Die Verbindlichkeit des Schuldners erlischt, wenn der Gläubiger die Annahme der Altgeldnoten oder Altgeldmünzen verweigert.

(8) Für Geldschulden aus gegenseitigen Verträgen gelten die Vorschriften der Abs. 1 bis 7 nur, wenn und soweit die Gegenleistung bereits vor dem (Tag 2) erbracht worden ist. Andernfalls kann der Geldschuldner vom Vertrage zurücktreten. Macht der Geldschuldner von seinem Rücktrittsrecht Gebrauch, so finden die Vorschriften des Abs. 1 auf die Rückerstattung einer etwaigen Anzahlung Anwendung. Das Rücktrittsrecht des Geldschuldners entfällt, wenn seine Verbindlichkeit in der Rückzahlung einer Geldsumme besteht, die bei ihm zur Sicherheit (als „Pfand") für die Rückerstattung von Verpackungsmitteln oder anderen von ihm ausgeliehenen oder vermieteten Gegenständen hinterlegt worden ist.

(9) Nach dem (Tag 1) fällig werdende Löhne, Gehälter, Pensionen, Zinsen, Tilgungsraten, Miet- und Pachtzinsen, Renten und andere wiederkehrende Leistungen sind in Abweichung von den Vorschriften der Abs. 1 bis 8 in jedem Falle gemäß § 2 Abs. 1 in Mark zu zahlen. Soweit jedoch solche Leistungen für einen vor dem (2 Monate vor Tag 2) liegenden Zeitraum geschuldet werden, ist der Schuldner berechtigt, den Gläubiger quotal zu befriedigen, wenn der für diesen Zeitraum zu zahlende Betrag mindestens zwanzig Reichsmark ausmacht. Die Anpassung von Pensionen, Gehältern und Löhnen an die veränderte Wirtschaftslage bleibt der Regelung durch ein besonderes Gesetz vorbehalten.

(10) Soweit eine Durchführungsverordnung keine besondere Regelung trifft, können Steuern, die für einen vor dem (Tag 2) liegenden Zeitraum geschuldet werden, vom Schuldner ohne Rücksicht auf den Zeitpunkt der Fälligkeit auch nach Ablauf der Abwicklungsfrist des Abs. 3 mit eigenen Quotenmitteln bezahlt werden; fällt der Steuerzeitraum zum Teil in die Zeit nach dem (Tag 1), so erstreckt sich das Recht auf quotale Bezahlung nur auf den Teil der Steuerschuld, der dem Zeitraum vor dem (Tag 2) entspricht.

§ 16

Später fällig werdende Verbindlichkeiten

(1) Auf Reichsmark, Rentenmark oder Goldmark lautende oder sonst in Reichsmark zahlbare Schulden, die vor dem (Tag 2) entstanden sind und innerhalb von zwei Jahren seit dem Ende der Abwicklungsfrist des § 15 Abs. 3 fällig werden, brauchen erst zwei Jahre nach Eintritt der Fälligkeit bezahlt zu werden, soweit es sich nicht um kurzfristige Schulden handelt. Als kurzfristig gelten:

1. Schulden, deren regelmäßige Fälligkeit früher als ein Jahr nach ihrer Entstehung eintritt,
2. Steuerschulden,
3. die Verbindlichkeiten aus einem bankmäßigen Personalkredit, auch wenn dieser durch Hypothek oder Grundschuld gesichert ist,
4. Vorschüsse eines Kreditinstitutes auf beabsichtigte langfristige Darlehen (Zwischenkredite),
5. Darlehen und Vorauszahlungen, die auf Versicherungsscheine gewährt worden sind,
6. Darlehen, die aus Gefälligkeit oder sonst unter Umständen gegeben worden sind, aus denen zu entnehmen ist, daß eine langfristige Kreditgewährung nicht beabsichtigt war,
7. Zinsen und Tilgungsraten, die jährlich oder in geringeren Zeitabständen zu entrichten sind.

§ 17

Verbindlichkeiten, denen Forderungen an das Reich gegenüberstehen

(1) Wer aus einer Lieferung oder einer sonstigen Leistung Forderungen an das Reich besitzt, darf die Bezahlung seiner eigenen Verbindlichkeiten gegenüber Vorlieferanten verweigern, solange und soweit er selbst nicht befriedigt worden ist. Wird er wegen seiner Forderung an das Reich in anderer Weise als durch Geldzahlung abgefunden, so kann er seine Vorlieferanten in gleicher Weise befriedigen. Entsprechendes gilt für das Verhältnis mehrerer Vorlieferanten untereinander.

(2) Das Nähere bestimmt eine Durchführungsverordnung.

§ 18

Richterliche Vertragshilfe

(1) Vor dem (Tag 2) begründete Verbindlichkeiten können auf Antrag des Schuldners im Wege richterlicher Vertragshilfe herabgesetzt oder gestundet werden, wenn und soweit die Zahlung in Mark oder die

fristgemäße Zahlung in Mark für ihn unmöglich ist oder ihm eine bescheidene Lebenshaltung oder die Fortführung eines Unternehmens oder Berufes, dessen Fortführung durch ihn volkswirtschaftlich erwünscht ist oder sonst im öffentlichen Interesse liegt, unmöglich machen würde.

(2) Das in Abs. 1 vorgesehene Verfahren wird durch eine Durchführungsverordnung geregelt.

(3) Ist die Ertragsfähigkeit eines mit einer Hypothek oder Grundschuld belasteten Grundstückes dadurch um mindestens ein Fünftel gemindert worden, daß ein auf dem Grundstück befindliches Gebäude durch kriegerische Ereignisse zerstört oder beschädigt worden ist, so sind die Zins- und Tilgungsbeträge bis zu einer endgültigen Regelung nur in der Höhe zu leisten, die sich aus dem Verhältnis des tatsächlich erzielten Ertrages zu dem Ertrag vor dem schädigenden Ereignis ergibt. Eine neben der dinglichen Haftung des Grundstückes bestehende persönliche Haftung bleibt außer Betracht. An die Stelle des tatsächlich erzielten Ertrages tritt der erzielbare Ertrag, wenn und soweit der Schuldner eine ordnungsmäßige Nutzung des Grundstückes unterläßt.

(4) Verbindlichkeiten der in den besonderen Vorschriften des Abs. 3 und der §§ 19 bis 24 bezeichneten Art, ferner Steuerschulden, Gebühren, Abgaben, Bußen, Sühnebeträge und Strafen sowie auf öffentlichem Recht beruhende Beiträge können nicht im Wege richterlicher Vertragshilfe herabgesetzt oder gestundet werden.

§ 19
Lebensversicherung

(1) Über die Umstellung der Ansprüche aus Lebensversicherungen auf Mark trifft eine Durchführungsverordnung nähere Bestimmungen. Ansprüche aus Lebensversicherungen im Sinne dieser Vorschrift sind die Ansprüche der Versicherten aus Lebensversicherungsverträgen, ferner die Ansprüche der Versicherten aus solchen Kranken-, Unfall- und Haftpflichtversicherungsverträgen, für die nach gesetzlichen Bestimmungen oder nach Vorschrift der Aufsichtsbehörde vor dem (Tag 2) ein Deckungsstock im Sinne des Versicherungsaufsichtsgesetzes zu bilden war, mit Ausnahme von Ansprüchen aus Haftpflichtversicherungsverträgen mit unbegrenzter Deckung. Als Lebensversicherung gilt die Versicherung auf den Erlebensfall, auf den Invaliditätsfall und auf den Todesfall, gleichviel, ob auf Kapital oder Rente.

(2) Die Durchführungsverordnung hat die Einsetzung von Treuhändern vorzusehen, die unter Berücksichtigung der im § 24 Abs. 1 vorgesehenen Sonderregelung für Forderungen der Lebensversicherungen gegen das Reich einen Teilungsplan aufzustellen haben. Der Plan

bedarf der Genehmigung der Versicherungsaufsichtsbehörde und wird mit der Genehmigung verbindlich. Die Leistungen der Versicherer gelten als gestundet, bis der Zweck des Teilungsverfahrens erreicht ist, die Versicherungsaufsichtsbehörden können jedoch im Einvernehmen mit dem Treuhänder anordnen, daß und gegebenenfalls in welcher Höhe in der Zwischenzeit Abschlagszahlungen auf die Versicherungsansprüche zu leisten sind.

§ 20

Sachversicherung

Auf die Ansprüche aus Sachversicherungen finden grundsätzlich die Vorschriften des § 2 Abs. 1 Anwendung. Das Nähere regelt eine Durchführungsverordnung. Die Durchführungsverordnung hat darüber Bestimmungen zu treffen, ob und in welchem Umfange auf im voraus bezahlte Beiträge, die vor dem (Tag 2) entrichtet worden sind, Nachzahlungen in Mark zu leisten sind, wenn und soweit der Zeitraum, für den der Beitrag entrichtet worden ist, in die Zeit nach dem (Tag 1) fällt.

§ 21

Sozialversicherung

Auf die Sozialversicherungsansprüche finden grundsätzlich die Vorschriften des § 2 Abs. 1 Anwendung. Das Nähere regelt ein Gesetz des Wirtschaftsrates.

§ 22

Pfandbriefe und verwandte Schuldverschreibungen

(1) Über die Umstellung der Ansprüche gegen Grundkreditanstalten, Kommunalkreditanstalten, Schiffsbeleihungsbanken und Ablösungsanstalten aus Pfandbriefen, Rentenbriefen, Kommunalschuldverschreibungen und anderen Schuldverschreibungen sowie aus verbrieften Darlehen, die für Grundkredit- oder Kommunalkreditzwecke aufgenommen worden sind, trifft eine Durchführungsverordnung nähere Bestimmungen.

(2) Die Durchführungsverordnung hat die Bildung von Teilungsmassen vorzusehen, die aus den Werten bestehen, die am (Tag 2) als Deckung für die Schuldverschreibungen und Schuldurkunden bestimmt waren. Soweit aus den Schuldverschreibungen und Schuldurkunden Ansprüche auf Kapital oder Ansprüche auf Zinsen (Passivzinsen) fällig sind oder fällig werden, gelten die Leistungen als gestundet, bis der Zweck des Teilungsverfahrens erreicht ist; die Aufsichtsbehörden der Schuldnerinstitute können jedoch unter Berücksichtigung der auf

die Deckungsmasse eingehenden Zinsen anordnen, daß und gegebenenfalls in welcher Höhe in der Zwischenzeit Passivzinsen zu zahlen sind.

(3) Das Teilungsverfahren dient der Feststellung, welcher Wert den Deckungswerten nach Durchführung der Quellenabgabe (§ 29 Abs. 1) sowie auf Grund der zu erlassenden Gesetze über die Entschädigung von Kriegs- und Kriegsfolgeschäden zukommt und zu welchem Nennbetrag die Schuldverschreibungen und die Schuldurkunden demgemäß auf Mark umzustellen sind.

(4) Soweit die Deckung von Schuldverschreibungen aus Altgeldnoten oder Altgeldmünzen besteht, kann sie nach Maßgabe des § 5 Abs. 5 durch ein Altgeldguthaben bei der zuständigen Landeszentralbank ersetzt werden. Die gemäß § 11 Satz 2 an die Stelle des Altgeldguthabens tretenden Werte dienen in Höhe des Nennbetrages des Altgeldguthabens als Deckung der Schuldverschreibungen. Soweit eine Deckung aus Schuldverschreibungen des Reiches besteht, dienen die hierfür gemäß § 24 Abs. 1 zuzuweisenden Reichsmark-Liquidationsanteile in Höhe des Nennbetrages als Deckung.

§ 23

Andere Schuldverschreibungen

(1) Verzinsliche oder an Stelle einer Verzinsung mit einem Aufgeld rückzahlbare, auf den Inhaber lautende oder durch Indossament übertragbare Schuldverschreibungen, die von natürlichen Personen, Personenvereinigungen oder juristischen Personen des Privatrechts ausgegeben worden sind — mit Ausnahme der in § 22 genannten Schuldverschreibungen —, können auf Antrag des Schuldners zu einem niedrigeren Nennbetrag auf Mark umgestellt werden, als sie in Reichsmark, Goldmark oder Rentenmark begründet waren, wenn dies notwendig ist, um dem Schuldner die Fortführung eines Unternehmens zu ermöglichen, dessen Fortführung durch ihn volkswirtschaftlich erwünscht ist oder sonst im öffentlichen Interesse liegt. Über den Antrag des Schuldners entscheidet eine Spruchstelle. Die Spruchstelle kann auch bestimmen, daß und in welchem Umfang die Inhaber der Schuldverschreibungen zum Ausgleich einer von ihr verfügten Herabsetzung des Nennbetrages derselben mit Reichsmark-Liquidationsanteilen abzufinden sind, die dem Schuldner zugeteilt worden sind. Das Nähere wird durch eine Durchführungsverordnung geregelt.

(2) Soweit Anleihen oder Schuldverschreibungen der in Abs. 1 bezeichneten Art von einem Lande, einer Gemeinde, einem Gemeindeverband oder einer anderen juristischen Person des öffentlichen Rechts mit Ausnahme des Reiches ausgegeben worden sind, bestimmt eine Durchführungsverordnung, wie sie auf Mark umzustellen sind.

§ 24

Ansprüche gegen das Reich und gleichgestellte Ansprüche

(1) Die Vorschriften des § 2 Abs. 1 finden auf die Forderungen gegen das Reich keine Anwendung. Die am (Tag 1) im Vereinigten Wirtschaftsgebiet ansässigen Inhaber solcher Forderungen haben, vorbehaltlich einer besonderen Regelung für die Lebensversicherungsunternehmen und für die Sozialversicherungsträger, Anspruch auf Zuweisung von Reichsmark-Liquidationsanteilen (§ 9). Das Verfahren bei der Ausgabe dieser Reichsmark-Liquidationsanteile wird durch eine Durchführungsverordnung geregelt.

(2) Die Behandlung der vor dem 8. Mai 1945 begründeten Forderungen gegen die Reichsbahn und die Reichspost wird durch eine Durchführungsverordnung geregelt. Die Durchführungsverordnung kann diese Forderungen oder bestimmte Gruppen derselben den übrigen Forderungen gegen das Reich gleichstellen.

(3) Forderungen gegen die NSDAP., ihre Gliederungen und angeschlossenen Verbände erlöschen. Soweit jedoch solche Forderungen nach näherer Vorschrift einer Durchführungsverordnung als wirtschaftlich berechtigt anzuerkennen sind, haben die Inhaber derselben in gleicher Weise wie die Gläubiger des Reiches Anspruch auf Zuweisung von Reichsmark-Liquidationsanteilen.

(4) Flüchtlinge und Vertriebene werden wegen der Verluste, die sie auf Grund ihrer Zugehörigkeit zum deutschen Volk außerhalb des dem Alliierten Kontrollrat unterstehenden Kontrollgebiets erlitten haben, nach näherer Vorschrift eines besonderen Gesetzes durch Zuweisung von Reichsmark-Liquidationsanteilen entschädigt. Das Gesetz kann vorsehen, daß die Schäden und der Betrag der zum Ausgleich dafür zu gewährenden Reichsmark-Liquidationsanteile pauschal ermittelt und festgesetzt werden.

(5) Die Vorschriften des Abs. 4 gelten entsprechend für andere Kriegs- und Kriegsfolgeschäden.

(6) Die in den Abs. 1 bis 5 bezeichneten Ansprüche unterliegen denselben Verfügungsbeschränkungen wie die Reichsmark-Liquidationsanteile (§ 9 Abs. 1).

(7) Wertpapiere, die Forderungen gegen das Reich verbriefen, sind von den am (Tag 1) im Vereinigten Wirtschaftsgebiet ansässigen Inhabern binnen einer Frist von einem Monat seit dem (Tag 1) bei einem Kreditinstitut im Vereinigten Wirschaftsgebiet anzumelden. Das Miteigentum an Wertpapieren im Girosammeldepot unterliegt nicht der Meldepflicht. Kann der Anmeldepflichtige als unmittelbarer oder mittelbarer Besitzer über die anzumeldenden Wertpapiere tatsächlich verfügen, so hat er die Wertpapiere gleichzeitig mit der

Meldung auf ein Sperrdepot bei einem Kreditinstitut im Vereinigten Wirtschaftsgebiet zu hinterlegen. Die Kreditinstitute mit Ausnahme der Bank deutscher Länder, der Landeszentralbanken, der Postscheckämter und Postsparkassen sind zur Entgegennahme der Meldungen und zur Annahme von Wertpapieren im Rahmen der bestehenden gesetzlichen Vorschriften verpflichtet.

(8) Bei Versäumung der im Abs. 7 bezeichneten Frist verfällt der Anspruch auf Zuweisung von Reichsmark-Liquidationsanteilen. Die Westdeutsche Ausgleichskasse kann auf Antrag Wiedereinsetzung in den vorigen Stand gewähren, wenn der Anmeldepflichtige glaubhaft macht, daß die Versäumung der Frist auf einem Umstand beruht, den er nicht zu vertreten hat.

Fünfter Abschnitt

Lastenausgleich

§ 25

Westdeutsche Ausgleichskasse

Für die Durchführung eines Ausgleichs der Lasten des Krieges wird unter dem Namen Westdeutsche Ausgleichskasse eine Anstalt des öffentlichen Rechts mit dem Sitz in .... errichtet. Das Nähere bestimmt eine Durchführungsverordnung.

§ 26

Ausgleichsabgaben

(1) Zugunsten der Westdeutschen Ausgleichskasse werden im Vereinigten Wirtschaftsgebiet erhoben:

1. eine einmalige Abgabe in Höhe von achtzig von Hundert des Zuwachses, den das Vermögen natürlicher und juristischer Personen in der Zeit zwischen dem 1. Januar 1940 und dem Ablauf des (Tag 1) erfahren hat (Zuwachsabgabe, § 27),
2. eine einmalige Abgabe in Höhe von fünfzig vom Hundert des Vermögens natürlicher und juristischer Personen, das sich nach Abzug der unter Ziffer 1 bezeichneten Zuwachsabgabe für den Ablauf des (Tag 1) ergibt (Stammabgabe, § 28),
3. eine einmalige Abgabe (Quellenabgabe, § 29)
   a) von den Gläubigern von Anleihen, Pfandbriefen und anderen Schuldverschreibungen der in §§ 22 und 23 bezeichneten Art,
   b) von den Inhabern der Reichsmark-Liquidationsanteile Reihe B (§ 30 Abs. 2).

(2) Soweit die von einer Quellenabgabe Betroffenen eine Zuwachsabgabe oder Stammabgabe zu leisten haben, wird ihnen hierauf die zu ihren Lasten entrichtete Quellenabgabe grundsätzlich in voller Höhe zum Nennbetrag angerechnet. Eine auf die Reichsmark-Liquidationsanteile Reihe B erhobene Quellenabgabe (Abs. 1 Ziffer 3b) wird jedoch auf eine von dem Inhaber dieser Reichsmark-Liquidationsanteile zu leistende Stammabgabe nur insoweit angerechnet, als die Stammabgabe gemäß § 28 in Reichsmark-Liquidationsanteilen der Reihe B entrichtet werden kann.

§ 27
Zuwachsabgabe

(1) Für die Zuwachsabgabe gilt als Anfangsvermögen grundsätzlich das Vermögen, das bei Feststellung der Vermögenssteuer auf den 1. Januar 1940 ermittelt worden ist. Als Endvermögen gilt das Vermögen, das auf den Ablauf des (Tag 1) ermittelt wird.

(2) Die Zuwachsabgabe wird nicht erhoben, wenn das Endvermögen den Betrag von fünftausend Reichsmark nicht übersteigt. Bei unbeschränkt steuerpflichtigen natürlichen Personen erhöht sich dieser Betrag um dreitausend Reichsmark für die nicht dauernd von dem Abgabepflichtigen getrennt lebende Ehefrau und um eintausend Reichsmark für jedes Kind, für das dem Abgabepflichtigen am Ablauf des (Tag 1) Kinderermäßigung nach den Bestimmungen des Einkommensteuergesetzes zustehen würde.

(3) Die Zuwachsabgabe kann in voller Höhe durch Übertragung von Reichsmark-Liquidationsanteilen des Abgabepflichtigen und durch Überweisung zu Lasten seines Festkontos entrichtet werden.

(4) Mit Zustimmung der Westdeutschen Ausgleichskasse können für die Zuwachsabgabe oder für die Ablösung einer gemäß Abs. 5 übernommenen Kapitalschuld ganz oder zum Teil auch solche Reichsmark-Liquidationsanteile oder Guthaben auf Festkonto in Zahlung gegeben werden, die einem anderen als dem Abgabepflichtigen gehören; soweit hierdurch die wirtschaftliche Beteiligung des anderen an einem Grundstück, Betrieb oder Unternehmen des Abgabepflichtigen ermöglicht wird.

(5) Auf Antrag kann dem Abgabepflichtigen gestattet werden, die Zuwachsabgabe auch durch Übernahme einer laufend zu tilgenden und jährlich mit vier vom Hundert zu verzinsenden Kapitalschuld gegenüber der Westdeutschen Ausgleichskasse zu entrichten. Die Kapitalschuld kann jederzeit abgelöst werden. Für die Ablösung gilt Abs. 3 und 4 entsprechend.

(6) Das Nähere über die Zuwachsabgabe regelt eine Durchführungsverordnung.

§ 28

Stammabgabe

(1) Der Stammabgabe unterliegt das Stammvermögen. Als Stammvermögen gilt das Vermögen, das nach Abzug der Zuwachsabgabe auf den Ablauf des (Tag 1) besonders ermittelt wird.

(2) Die Stammabgabe wird nicht erhoben, wenn das Stammvermögen den Betrag von fünftausend Reichsmark nicht übersteigt. Bei unbeschränkt steuerpflichtigen natürlichen Personen erhöht sich dieser Betrag um dreitausend Reichsmark für die nicht dauernd von dem Abgabepflichtigen getrennt lebende Ehefrau und um eintausend Reichsmark für jedes Kind, für das dem Abgabepflichtigen am Ablauf des (Tag 1) Kinderermäßigung nach den Bestimmungen des Einkommensteuergesetzes zustehen würde.

(3) Bei der Veranlagung unbeschränkt steuerpflichtiger natürlicher Personen bleiben die im Abs. 2 bezeichneten Freigrenzen als Freibeträge abgabefrei.

(4) Die Stammabgabe ist grundsätzlich in Neugeld (§§ 7 und 8) zu entrichten. An Stelle von Neugeld kann der Abgabepflichtige auch Reichsmark-Liquidationsanteile der Reihe A und in gewissem Umfang Reichsmark-Liquidationsanteile der Reihe B zum Nennbetrag in Zahlung geben. Der Teil der Stammabgabe, der in Reichsmark-Liquidationsanteilen der Reihe B entrichtet werden kann, bemißt sich nach dem Verhältnis des Geldvermögens zum gesamten Rohvermögen des Abgabepflichtigen. Eine Durchführungsverordnung bestimmt, welche Vermögensgegenstände als Geldvermögen im Sinne dieser Vorschriften anzusehen sind.

(5) Auf die Stammabgabe finden im übrigen die für die Zuwachsabgabe geltenden Vorschriften des § 27 Abs. 4 bis 6 entsprechende Anwendung.

§ 29

Quellenabgabe

(1) Als Quellenabgabe auf Schuldverschreibungen (§ 26 Abs. 1 Ziffer 3 Buchstabe a) wird für Rechnung der Abgabepflichtigen bei den Schuldnern solcher Schuldverschreibungen der Betrag erhoben, um den der für diese Schuldverschreibungen zu erwartende Mindestwert in Mark vierzig vom Hundert des Nennbetrages übersteigt. Die Quellenabgabe wird durch die Aushändigung einer Schuldverschreibung an die Westdeutsche Ausgleichskasse entrichtet. Diese Schuldverschreibungen sind in den Fällen des § 22 aus den auf die Deckungsmasse eingehenden Beträgen und in den Fällen des § 23 aus dem Vermögen der Schuldner in gleicher Weise zu verzinsen und zu tilgen, wie

die von der Quellenabgabe betroffenen Schuldverschreibungen bei einer Umstellung auf den Mindestwert zu verzinsen und zu tilgen sein würden.

(2) Die Quellenabgabe auf die Reichsmark-Liquidationsanteile Reihe B (§ 26 Abs. 1 Ziffer 3 Buchstabe b) beträgt fünfundsiebenzig vom Hundert ihres Nennbetrages (gleich sechzig vom Hundert des Altgeldguthabens oder sonstigen Reichsmarkanspruchs, auf Grund dessen die Reichsmark-Liquidationsanteile zugewiesen worden sind). Sie wird bei den Reichsmark-Liquidationsanteilen, die aus der Auflösung der Altgeldkonten herrühren (§ 6 Abs. 1 Buchstabe c) am (3 Monate nach Tag 2), bei den übrigen Reichsmark-Liquidationsanteilen mit ihrer Zuweisung fällig und durch Abzug vom Nennbetrag der Reichsmark-Liquidationsanteile erhoben.

(3) Das Nähere über die Quellenabgabe regelt eine Durchführungsverordnung.

§ 30

Ausschüttungen auf die Reichsmark-Liquidationsanteile

(1) Die Inhaber der Reichsmark-Liquidationsanteile erhalten nach Maßgabe der verfügbaren Mittel Ausschüttungen aus einer Teilungsmasse, die zu ihren Gunsten bei der Westdeutschen Ausgleichskasse gebildet wird.

(2) Für die Ausschüttung werden die Reichsmark-Liquidationsanteile in die Reihen A und B eingeteilt. Bei Zuweisung von Reichsmark-Liquidationsanteilen nach § 24 werden in Höhe von zwanzig vom Hundert des Gesamtbetrages Anteile der Reihe A und in Höhe von achtzig vom Hundert des Gesamtbetrages Anteile der Reihe B zugeteilt. Das in § 24 Abs. 4 vorgesehene Gesetz kann für Reichsmark-Liquidationsanteile, die Flüchtlingen, Vertriebenen und anderen Geschädigten zum Ausgleich von Kriegs- und Kriegsfolgeschäden gewährt werden, eine für die Anspruchsberechtigten günstigere Aufteilung festsetzen oder bestimmen, daß in diesen Fällen nur Reichsmark-Liquidationsanteile der Reihe A zuzuweisen sind. Die aus der Auflösung der Altgeldkonten (§ 6 Abs. 1 Buchstabe c) herrührenden Reichsmark-Liquidationsanteile sind zum vollen Nennbetrag Anteile der Reihe B.

(3) Der Teilungsmasse werden insbesondere zugeführt:

1. die Erträge der Ausgleichsabgaben (§ 26),
2. die Markbeträge, die der Ausgleichskasse in den Fällen des § 15 Abs. 3 nach Abführung des dem Gläubiger zukommenden Anteils an dem vom Schuldner gezahlten Betrag verbleiben,
3. Vermögenswerte des Reichs, die durch besonderes Gesetz auf die Ausgleichskasse übertragen werden,

4. Vermögenswerte der NSDAP., ihrer Gliederungen und angeschlossenen Verbände, soweit diese Vermögenswerte nicht durch besonderes Gesetz für bestimmte Zwecke vorbehalten sind.

(4) Aus der Teilungsmasse sind vorweg zu befriedigen:

1. Ansprüche auf eine Vorzugsrente gemäß § 31,
2. die Reichsmark-Liquidationsanteile der Reihe A.

(5) Ob und in welchem Umfange bestimmte Personengruppen aus dem nach Befriedigung der Ansprüche aus Abs. 3 verbleibenden Rest der Teilungsmasse mit Vorrang befriedigt werden, bleibt der Regelung durch ein besonderes Gesetz vorbehalten.

(6) Die Ausschüttungen aus der Teilungsmasse können auch in Form von Kapitaltiteln erfolgen.

§ 31
Vorzugsrente

(1) Bedürftige Inhaber von Festkonten oder Reichsmark-Liquidationsanteilen haben, soweit sie arbeitsunfähig sind, Anspruch auf Gewährung einer Vorzugsrente durch die Westdeutsche Ausgleichskasse.

(2) Die Höhe der Vorzugsrente bemißt sich nach dem Nennbetrag der Guthaben auf Festkonto oder der Reichsmark-Liquidationsanteile. Die Vorzugsrente beträgt jedoch höchstens 1500.— Mark jährlich; sie ist im übrigen so zu bemessen, daß das Einkommen des Beziehers einschließlich der Vorzugsrente 1800.—Mark jährlich nicht übersteigt.

(3) Die Vorzugsrente ist auch auf Grund von Reichsmark-Liquidationsanteilen zu gewähren, mit denen der Antragsteller zur Quellenabgabe herangezogen worden ist.

(4) Mit der Zuerkennung der Vorzugsrente geht ein entsprechender Teil des Guthabens auf Festkonto oder des Reichsmark-Liquidationsanteils des Bezugsberechtigten kraft Gesetzes auf die Westdeutsche Ausgleichskasse über.

(5) Das Nähere regelt eine Durchführungsverordnung.

§ 32
Wohlfahrtsrente

(1) Anstalten und Einrichtungen der freien und kirchlichen Wohlfahrtspflege, die Aufgaben der öffentlichen Wohlfahrtspflege erfüllen, sowie Anstalten und Einrichtungen zur Förderung wissenschaftlicher Ausbildung und Forschung, kann zur Erfüllung dieser Aufgaben, sofern sie Inhaber von Festkonten oder Reichsmark-Liquidationsanteilen

sind, auf Antrag aus Mitteln der Westdeutschen Ausgleichskasse eine Wohlfahrtsrente gewährt werden.

(2) § 31 Abs. 3 und 4 findet entsprechende Anwendung.

(3) Das Nähere, insbesondere über die Höhe und die Laufzeit der Wohlfahrtsrente sowie über den Kreis der Berechtigten, regelt eine Durchführungsverordnung.

Sechster Abschnitt

Vorschriften verschiedenen Inhalts

§ 33

Übergangsvorschriften für den Überweisungs- und Zahlungsverkehr

(1) Aufträge auf Überweisung oder Barzahlung von Reichsmarkbeträgen, die ein Kreditinstitut oder eine Postanstalt vor dem Inkrafttreten dieses Gesetzes erhalten hat, sind auch nach dem (Tag 1) noch in Reichsmark auszuführen. Dies gilt auch dann, wenn das Kreditinstitut oder die ausführende Postanstalt den Auftrag erst nach dem (Tag 1) an das ausführende Kreditinstitut oder die ausführende Postanstalt weitergeleitet hat.

(2) Aufträge auf Barzahlung von Reichsmarkbeträgen, die ein Kreditinstitut oder eine Postanstalt nach dem Inkrafttreten dieses Gesetzes erhält, sind ohne Rücksicht auf den Zeitpunkt ihrer Absendung als unausführbar zurückzugeben. Das Gleiche gilt für Aufträge auf Überweisung von Reichsmarkbeträgen, die einem Postscheckamt nach dem Inkrafttreten dieses Gesetzes zugehen. Aufträge auf Überweisung von Reichsmarkbeträgen, die einem anderen Kreditinstitut nach dem Inkrafttreten dieses Gesetzes zugehen, gelten als Aufträge auf quotale Bezahlung (§ 15 Abs. 2) und sind gemäß § 15 Abs. 6 zu behandeln.

(3) Bis zum Ablauf des (Tag 11) kann vorbehaltlich der Vorschriften des Abs. 1 und des § 4 Abs. 2 über Guthaben auf Freikonten nur durch Barabhebung und über Altgeldguthaben nur durch Umwandlung gemäß § 6 verfügt werden. Überweisungs- und Zahlungsaufträge, die in der Zeit vom Inkrafttreten dieses Gesetzes bis zum (Tag 11) bei einem Kreditinstitut eingehen, gelten als erst nach Ablauf dieses Zeitraums erteilt und dürfen vorher nicht in Bearbeitung genommen werden. Dies gilt nicht für Überweisungs- und Zahlungsaufträge, die ein Kreditinstitut einem anderen Kreditinstitut für eigene Rechnung erteilt.

(4) Zahlungsfristen, die in der Zeit vom Inkrafttreten dieses Gesetzes bis zum (Tag 14) endigen und Zahlungstermine, die in diesen Zeitraum fallen, werden um zwei Wochen verlängert bzw. hinausgeschoben; die Fälligkeitstermine für Gehälter und Löhne bleiben

jedoch unberührt. Gesetzliche und vertragliche Verzugsfolgen oder andere Rechtsfolgen der Verspätung einer Leistung treten nicht ein, wenn die Leistung wegen der Vorschriften des Abs. 3 nicht rechtzeitig bewirkt werden konnte.

§ 34

Nachzahlung auf bereits in Reichsmark gezahlte Löhne und Gehälter

Fällt der erste Zahlungstermin von Löhnen und Gehältern nach dem Inkrafttreten dieses Gesetzes auf einen späteren Tag als den (Tag 8), so haben die Empfänger Anspruch darauf, daß ihnen derjenige Teil des zuletzt empfangenen Nettobetrages, der dem Anteil des Zeitraums zwischen dem (Tag 8) und dem nächsten Zahlungstermin an der gesamten Periode entspricht, noch einmal in Mark gezahlt wird. Sie sind zur Rückzahlung des entsprechenden Reichsmarkbetrages verpflichtet. Die Rückzahlung kann bis zum (Tag 6) in bar erfolgen. Im übrigen finden auf die Verpflichtung zur Rückzahlung des Reichsmarkbetrages die Vorschriften des § 15 Abs. 1 bis 6 Anwendung.

§ 35

Einfuhr von Altgeldnoten und Altgeldmünzen in das Vereinigte Wirtschaftsgebiet

Altgeldnoten und Altgeldmünzen dürfen nicht in das Vereinigte Wirtschaftsgebiet eingeführt werden. Eine Durchführungsverordnung kann Ausnahmen von diesem Verbot zulassen.

§ 36

Strafvorschriften

(1) Zuwiderhandlungen gegen dieses Gesetz oder die zu seiner Durchführung erlassenen Vorschriften werden, soweit nicht auf Grund anderer Gesetze eine schwerere Strafe verwirkt ist, mit Gefängnis bis zu zehn Jahren oder mit Geldstrafe bis zu hunderttausend Mark oder mit beiden Strafen bestraft. Daneben ist auf Einziehung des durch die Straftat erzielten Gewinnes zu erkennen.

(2) In besonders schweren Fällen kann an Stelle der Gefängnisstrafe auf Zuchthaus bis zu zehn Jahren erkannt werden.

§ 37

Durchführung des Gesetzes

(1) Der Vorsitzende des Verwaltungsrats des Vereinigten Wirtschaftsgebietes wird mit der Durchführung dieses Gesetzes beauftragt

Er erläßt die zur Durchführung und Ergänzung des Gesetzes erforderlichen Vorschriften. Hierbei kann er Tatbestände, die in diesem Gesetz nicht ausdrücklich erwähnt sind, aber rechtlich oder wirtschaftlich Tatbeständen verwandt sind, die durch dieses Gesetz geregelt werden, den im Gesetz geregelten Tatbeständen ganz oder zum Teil gleichstellen.

(2) Der Vorsitzende des Verwaltungsrats wird ferner ermächtigt, auch sonstige Maßnahmen, die im währungspolitischen Interesse dringend geboten erscheinen, im Verordnungswege zu treffen, wenn die zeitliche Verzögerung, die mit der Einbringung eines Gesetzes beim Wirtschaftsrat verbunden wäre, ernste Mißstände besorgen läßt. Die Aufgaben und Befugnisse der Bank deutscher Länder bleiben hierbei unberührt.

(3) Durchführungsverordnungen nach Abs. 1 und Verordnungen nach Abs. 2 sind dem Zweizonen-Kontrollamt vorzulegen und auf dessen Verlangen aufzuheben. Verordnungen nach Abs. 2 sind ferner dem Wirtschaftsrat und dem Länderrat vorzulegen und auf Verlangen des Wirtschaftsrates aufzuheben.

§ 38

Währungsamt

(1) Der Wirtschaftsrat hat ein dem Vorsitzenden des Verwaltungsrats verantwortliches Währungsamt zu errichten. Das Währungsamt bereitet die Maßnahmen vor, die nach § 37 dem Vorsitzenden des Verwaltungsrats obliegen. Es wird von einem Direktorium geleitet, das aus drei Mitgliedern besteht. Die Mitglieder des Direktoriums des Währungsamts werden von dem Vorsitzenden des Verwaltungsrats des Vereinigten Wirtschaftsgebietes ernannt und können von ihm abberufen werden. Die Ernennung und die Abberufung bedürfen der Bestätigung durch das Zweizonen-Kontrollamt.

(2) Das Direktorium des Währungsamts gibt sich seine Geschäftsordnung selbst und bestimmt aus seiner Mitte den Präsidenten des Währungsamts. Der Präsident des Währungsamts nimmt an den Sitzungen des Verwaltungsrats des Vereinigten Wirtschaftsgebietes teil; er kann ferner verlangen, von dem Wirtschaftsrat und dem Länderrat sowie dem Zentralbankrat der Bank deutscher Länder gehört zu werden.

(3) Beim Währungsamt wird ein Kuratorium gebildet, das aus dem Vorsitzenden des Zentralbankrates der Bank deutscher Länder und den stellvertretenden Direktoren der Verwaltung für Finanzen, Wirtschaft, Ernährung und Landwirtschaft (und Arbeit) besteht. Den Vorsitz im Kuratorium führt der Präsident des Währungsamts oder das ihn vertretende Mitglied des Direktoriums. Die Mitglieder des Kuratoriums

werden im Falle ihrer Verhinderung durch ihren Vertreter im Amt vertreten. Der Präsident des Währungsamts hat das Kuratorium anzuhören, bevor er dem Vorsitzenden des Verwaltungsrates des Vereinigten Wirtschaftsgebietes Maßnahmen gemäß § 37 Abs. 1 oder Abs. 2 vorschlägt.

§ 39

Schlußbestimmungen

Dieses Gesetz tritt mit seiner Verkündung in Kraft; gleichzeitig treten nebst den dazu erlassenen Ausführungsvorschriften außer Kraft[1].

1. das Münzgesetz vom 1. Juni 1909 (RGBl. S. 512) mit Ausnahme der Bestimmungen, die sich auf die Aufhebung älterer gesetzlicher Vorschriften beziehen,
2. die Verordnung des Reichspräsidenten über die Ausprägung von Münzen im Nennbetrage von 1, 2, 5, 10 und 50 Rentenpfennigen vom 8. November 1923 (RGBl I, S. 1086),
3. das Münzgesetz vom 30. August 1924 (RGBl. II, S. 254).

Anlage 1

Entwurf

Erste Durchführungsverordnung zum Gesetz zur Neuordnung des Geldwesens vom ....

Auf Grund des § 36 Abs. 1 des Gesetzes zur Neuordnung des Geldwesens wird verordnet:

Artikel I
zu § 1 des Gesetzes
(Einführung der Markwährung)

Die in § 3 Abs. 4 Ziffer 2 bezeichneten Münzen über 1 Pfennig, 1 Rentenpfennig und 1 Reichspfennig werden von allen öffentlichen

[1] Anmerkung: Aufzuheben wären ferner das Gesetz Nr. 51 der Militärregierung und das Erste Gesetz zur Änderung dieses Gesetzes (vgl. §§ 1 und 2 des Entwurfs). Weiterhin wird es notwendig sein, daß die Militärregierung eine allgemeine Genehmigung zu den Gesetzen Nr. 52 und Nr. 53 erläßt, die es ermöglicht, innerhalb der Abwicklungsfrist des § 15 Abs. 3 quotenmäßige Überweisungen von Bankkonten, die gemäß der Gesetze Nr. 52 und Nr. 53 gesperrt sind, und auf Bankkonten, die gemäß Gesetz Nr. 53 gesperrt sind, zur Abdeckung von alten Verbindlichkeiten vorzunehmen. Schließlich wird es zweckmäßig sein, durch eine allgemeine Ausnahme zum Gesetz Nr. 53 die Übertragung der von Kreditinstituten an die Reichsbank abgelieferten eigenen Devisenwerte auf die Westdeutsche Ausgleichskasse zu gestatten. Wünschenswert wäre in diesem Zusammenhang auch noch die Aufhebung des Kontrollratgesetzes Nr. 5 (vgl. jedoch § 10 Abs. 1 a. E.).

Kassen, sowie von der Bank deutscher Länder und den Landeszentralbanken in unbeschränkter Höhe zum Nennbetrag in Zahlung genommen.

Artikel II
zu § 4 des Gesetzes
(Kopfbetrag)

(1) Zu Umtauschstellen im Sinne des § 4 Abs. 1 des Gesetzes werden bestimmt:

a) die Kreditinstitute (§ 3 Abs. 5 des Gesetzes),

b) die Postanstalten,

c) die im Bedarfsfall von den zuständigen Zweiganstalten der Landeszentralbanken einzurichtenden oder zu beauftragenden Hilfsstellen.

(2) Die Umtauschstellen dürfen den Kopfbetrag nur gegen Einlieferung von Altgeldnoten und Altgeldmünzen desselben Nennbetrages und gegen Abgabe des Abschnittes .... der Lebensmittelkarte für die ....te Kartenperiode verabfolgen. Der Abschnitt .... der Lebensmittelkarte für die ....te Kartenperiode ist auch dann abzugeben, wenn der Inhaber nur einen Teil des ihm zustehenden Kopfbetrages in Anspruch nimmt. In diesen Fällen hat die Umtauschstelle den Namen und die Anschrift des Umtauschberechtigten und den verabfolgten Markbetrag in eine laufend numerierte Liste einzutragen; der Umtauschberechtigte hat den Empfang des Betrages in der letzten Spalte der Liste durch seine Unterschrift zu bestätigen. Die Umtauschstellen haben die vereinnahmten Abschnitte .... der Lebensmittelkarte für die ....te Kartenperiode auf Bogen zu .... Stück aufzukleben und diese Bogen nebst den Listen über die nur zum Teil in Anspruch genommenen Kopfbeträge ihrer Abrechnung über die für den Kopfumtausch vereinnahmten und verausgabten Beträge beizufügen. Die Klebebogen und Listen sind von den Stellen, die zwischen die Umtauschstellen und die Landeszentralbanken eingeschaltet sind, mit ihrer eigenen Abrechnung an die Landeszentralbanken weiterzuleiten.

(3) Der abzugebende Abschnitt der Lebensmittelkarte ist von dem Umtauschbeamten selbst oder in seiner Gegenwart von dem Empfänger des Kopfbetrages von der Lebensmittelkarte abzutrennen; lose Abschnitte berechtigen nicht zum Umtausch des Kopfbetrages. Dem Abschnitt .... der Lebensmittelkarte für die ...te Kartenperiode steht eine Bescheinigung der für den Umtauschort zuständigen Kartenstelle gleich, in welcher dem Empfänger auf Grund einer im Vereinigten Wirtschaftsgebiet ausgestellten Reiseabmeldung oder eines im Vereinigten Wirtschaftsgebiet ausgestellten G-Scheines bescheinigt wird, daß er für die ...te Kartenperiode keine Lebensmittelkarte mit dem

Abschnitt .... erhalten hat. Auf der Reiseabmeldung oder dem G-Schein ist von der Kartenstelle die Ausstellung der Bescheinigung und von der Umtauschstelle der Empfang derselben zu vermerken.

(4) Für Personen, die sich am (Tag 1) in Gemeinschaftsverpflegung befinden, übernimmt die Verpflegungsstelle den Umtausch des Kopfbetrages bei der Umtauschstelle. Dabei tritt, soweit es sich um Personen handelt, die mindestens seit dem (Tag des Beginns der Kartenperiode, in welcher der Umtausch vorgenommen wird) in Gemeinschaftsverpflegung stehen, als Beleg für die Umtauschstelle auszustellende Sammelbescheinigung. Die Sammelbescheinigung darf nur für solche Personen ausgestellt werden, die auf Grund eines im Vereinigten Wirtschaftsgebiet ausgestellten G-Scheines in die Sammelverpflegung aufgenommen worden sind. Soweit die Personen, für welche die Verpflegungsstelle den Umtausch durchführt, erst nach dem (Tag des Beginns der Kartenperiode, in welche der Umtausch fällt) in Gemeinschaftsverpflegung übernommen sind, behält es bei den Vorschriften der vorstehenden Ziffer 2 sein Bewenden. Die Verpflegungsstelle darf den Umtausch nur für diejenigen Personen beantragen, von denen sie die erforderlichen Altgeldbeträge erhalten hat.

(5) Die Landeszentralbanken können den Umtausch des Kopfbetrages in begründeten Ausnahmefällen auch noch bis zum (Tag 11) vornehmen.

Artikel III
zu § 5 des Gesetzes
(Einzahlung der Altgeldnoten und Altgeldmünzen auf Altgeldkonten)
und zu § 7 des Gesetzes
(Freikonto)

(1) Einzahlungen auf Altgeldkonten für Rechnung einer natürlichen Person mit Ausnahme der Einzahlungen auf Anderkonten in Fällen des § 5 Abs. 2 des Gesetzes sind von der kontoführenden Stelle ohne Angabe der Höhe des Betrages auf dem Personalpapier des Kontoinhabers zu vermerken.

(2) Hat der Kontoinhaber ausweislich seines Personalpapiers schon bei einer anderen Stelle Einzahlungen auf ein Altgeldkonto vorgenommen (vgl. § 5 Abs. 3 des Gesetzes), so dürfen Einzahlungen auf ein Altgeldkonto trotzdem entgegengenommen werden, wenn der kontoführenden Stelle die Höhe der Einzahlungen und des Guthabens bei der anderen Stelle nachgewiesen wird und wenn sichergestellt ist, daß jene Stelle weitere Einzahlungen für Rechnung des Kontoinhabers nicht mehr entgegennimmt; die Konten bei beiden Stellen sind bei Anwendung der Vorschriften der nachstehenden Ziffer 3 und des

§ 7 Abs. 2, 3 des Gesetzes als einheitliches Konto zu behandeln. Die kontoführende Stelle hat die Stelle, bei der die erste Einzahlung erfolgt war, davon in Kenntnis zu setzen, daß zugunsten des Kontoinhabers auch bei ihr Altgeld eingezahlt worden ist, und ob die Verfügung über die beiden Altgeldguthaben oder der daraus herrührenden Markguthaben Beschränkungen gemäß § 7 Abs. 2, 3 unterliegt. Sobald die Stelle, bei der die erste Einzahlung erfolgt war, von den Einzahlungen auf das andere Konto Kenntnis erlangt, hat sie das Guthaben auf dem bei ihr geführten Konto auf das andere Konto zu überweisen, es sei denn, daß das bei ihr geführte Konto schon vor dem (Tag 2) errichtet war.

(3) Werden für eine natürliche Person insgesamt mehr als fünftausend Reichsmark in bar eingezahlt, so hat der Einzahler zu erklären, von welchem Finanzamt und unter welcher Steuernummer der Kontoinhaber zuletzt zur Einkommensteuer veranlagt worden ist; war der Kontoinhaber bisher nicht von einem Finanzamt im Vereinigten Wirtschaftsgebiet zur Einkommensteuer veranlagt worden, so ist das Finanzamt anzugeben, zu dessen Bezirk die Wohnung des Kontoinhabers gehört. Die kontoführende Stelle hat die Angaben des Einzahlers auf dem Kontoblatt des Kontoinhabers zu vermerken. Außerdem hat die kontoführende Stelle die Angaben des Einzahlers unverzüglich dem für den Kontoinhaber zuständigen Finanzamt zu melden, wenn der Kontoinhaber nicht in derselben Gemeinde ansässig ist wie die kontoführende Stelle oder das Konto erst nach Inkrafttreten dieser Verordnung errichtet hat. Ist der Einzahler nicht in der Lage, die erforderlichen Angaben zu machen, so darf die kontoführende Stelle den eingezahlten Betrag oder die eingezahlten Beträge nur unter Vorbehalt und unter Setzung einer höchstens auf drei Wochen zu bemessenden Frist zur Nachholung dieser Angaben gutschreiben. Nach fruchtlosem Ablauf der Frist entscheidet die Westdeutsche Ausgleichskasse über die weitere Behandlung des eingezahlten Betrages.

(4) Bei Anwendung der Vorschriften der vorstehenden Ziffer 3 und des § 7 Abs. 2, 3 des Gesetzes gelten die der kontoführenden Stelle bekannten Konten des Ehegatten und der minderjährigen Kinder des Kontoinhabers zusammen mit dessen eigenem Konto als ein einheitliches Konto.

(5) Die Kreditinstitute haben den Finanzämtern bis zum (6 Monate nach Tag 1) Meldung über die bei ihnen geführten Anderkonten zu erstatten. Die Meldung ist an die für die Kontoinhaber zuständigen Finanzämter zu richten. Sie hat den Kontostand zur Zeit des Inkrafttretens dieses Gesetzes und die Gesamtsumme der Einzahlungen auf das Konto in der Zeit vom Inkrafttreten dieses Gesetzes bis zum (Tag 11) zu enthalten.

Artikel IV
zu § 8 des Gesetzes
(Festkonto)

Die Vorschriften des § 8 Abs. 4 finden entsprechende Anwendung auf Ansprüche aus Kontokorrentkrediten, die ein Kreditinstitut dem Inhaber eines bei ihm unterhaltenen Festkontos gewährt hat, sofern der dem Inhaber des Festkontos gewährte Kredit nicht mehr als fünfhundert Mark beträgt.

Artikel V
zu § 13 des Gesetzes
(Bankenausgleich)

In den Fällen des § 13 Abs. 3 stehen den Altgeldnoten ordnungsmäßige Protokolle einer Landeszentralbank oder einer Reichsbankanstalt über die Vernichtung beschädigter Reichsbanknoten oder Rentenbankscheine gleich.

Artikel VI
zu § 35 des Gesetzes
(Einfuhr von Altgeldnoten und Altgeldmünzen in das Vereinigte Wirtschaftsgebiet)

(1) Dem Einfuhrverbot des § 35 unterliegen nicht:

a) Personen, die ausweislich einer darüber ausgestellten Bescheinigung der dafür zuständigen Behörde zum kleinen Grenzverkehr zugelassen sind,
für einen Freibetrag von zwanzig Reichsmark,

b) Personen, die ausweislich eines Interzonenpasses oder einer sonstigen Reisegenehmigung der Militärregierung in das Vereinigte Wirtschaftgebiet einreisen,
für einen Freibetrag von fünfzig Reichsmark,

c) Personen, die ausweislich ihres Personalpapiers (§ 5 Abs. 2 des Gesetzes) ihren Wohnsitz oder gewöhnlichen Aufenthaltsort im Vereinigten Wirtschaftsgebiet haben und sich ausweislich eines Interzonenpasses oder einer sonstigen Reisegenehmigung der Militärregierung auf der Rückreise in das Vereinigte Wirtschaftsgebiet befinden,
für einen Freibetrag von eintausend Reichsmark.

(2) Altgeldnoten und Altmünzen, deren Einfuhr in das Vereinigte Wirtschaftsgebiet nach § 35 des Gesetzes in Verbindung mit der vorstehenden Ziffer 1 verboten ist, sind den Inhabern beim Grenzübertritt gegen Quittung abzunehmen und sicherzustellen. Nach

Ablauf der Einzahlungsfrist des § 5 Abs. 2 des Gesetzes sind sie, unbeschadet einer etwaigen strafrechtlichen Verfolgung der Inhaber wieder zurückzugeben.

Artikel VII

Vorschriften allgemeinen Inhalts

(1) Zuwiderhandlungen gegen diese Vorschriften werden nach den Vorschriften des § 36 des Gesetzes zur Neuordnung des Geldwesens bestraft.

(2) Diese Verordnung tritt mit ihrer Verkündung in Kraft.

Anlage 2

Entwurf

Gesetz

über eine

Abgabe von Vermögenszuwachs (Zuwachsabgabe) (VZA)

vom . . . .

Auf Grund der §§ 26 Abs. 1 Ziffer 1 und 27 des Gesetzes über die Neuordnung des Geldwesens vom .... wird nach den Vorschriften dieses Gesetzes eine einmalige Abgabe vom Vermögenszuwachs (Zuwachsabgabe) erhoben.

§ 1

Abgabepflicht

(1) Abgabepflichtig sind:

1. mit dem Zuwachs an dem Gesamtvermögen
   a) Deutsche und Staatenlose, die mit dem Ablauf des Tages 1 ihren Wohnsitz oder ihren gewöhnlichen Aufenthalt in dem Vereinigten Wirtschaftsgebiet gehabt haben,
   b) Körperschaften, Personenvereinigungen und Vermögensmassen im Sinne des § 1 Absatz 1 Ziffer 2 des Vermögensteuergesetzes, die mit dem Ablauf des Tages 1 ihre Geschäftsleitung oder ihren Sitz in dem Vereinigten Wirtschaftsgebiet gehabt haben,
2. mit dem Zuwachs an dem im Vereinigten Wirtschaftsgebiet befindlichen Inlandvermögen:
   Nicht unter Ziffer 1 fallende natürliche Personen, Körperschaften, Personenvereinigungen und Vermögensmassen, die mit dem Ablauf des Tages 1 in dem Vereinigten Wirtschaftsgebiet befindliches Inlandvermögen gehabt haben.

(2) Im Sinne dieses Gesetzes gilt als Gesamtvermögen das Vermögen im Sinne der §§ 73 Abs. 1 und 3, 74 bis 76, als im Vereinigten Wirtschaftsgebiet befindliches Inlandvermögen das in diesem Gebiet befindliche Vermögen im Sinne des § 77 des Reichsbewertungsgesetzes.

(3) Als Vereinigtes Wirtschaftsgebiet gilt das Gebiet der amerikanischen, britischen und französischen Besatzungszone Deutschlands (sowie der amerikanische, britische und französische Sektor Berlins).

§ 2

Befreiung

Von der Zuwachsabgabe sind Körperschaften, Personenvereinigungen und Vermögensmassen insoweit befreit, als sie nach § 3 des Vermögensteuergesetzes oder auf Grund anderer gesetzlicher Vorschriften von der Vermögensteuer befreit sind.

§ 3

Vermögenszuwachs, Veranlagungszeitraum

(1) Vermögenszuwachs ist der Unterschied zwischen dem Wert des Anfangvermögens (§ 4) und dem Wert des Endvermögens (§§ 5 bis 7). Er wird auf volle tausend Reichsmark nach unten abgerundet.

(2) Als Veranlagungszeitraum gilt der Zeitraum zwischen dem für die Feststellung des Anfangvermögens und dem für die Feststellung des Endvermögens maßgebenden Stichtag.

§ 4.

Anfangvermögen

(1) Anfangvermögen ist

in den Fällen des § 1 Abs. 1 Ziffer 1 das nicht abgerundete Gesamtvermögen (§ 1 Abs. 2),

in den Fällen des § 1 Abs. 1 Ziffer 2 das im Vereinigten Wirtschaftsgebiet befindliche nicht abgerundete Inlandvermögen (§ 1 Abs. 2),

das bei der Hauptveranlagung zur Vermögensteuer auf den Beginn des 1. Januar 1940 oder bei einer Nachveranlagung (§ 14 Abs. 1 des Vermögensteuergesetzes) auf den Nachveranlagungszeitpunkt zugrunde gelegt worden ist oder im Falle der Steuerpflicht zugrunde zu legen gewesen wäre. Ist in den Fällen des § 1 Abs. 1 Ziffer 2 bei der Vermögensteuerveranlagung das Gesamtvermögen oder das gesamte Inlandvermögen zugrunde gelegt worden, so ist nur der Wert des in ihm enthaltenen im Vereinigten Wirtschaftsgebiet befindlichen Inlandvermögens einzusetzen.

(2) Ist bei Kapitalgesellschaften der Vermögensteuerveranlagung 1940 oder einer Nachverlagerung das Mindestvermögen nach § 6 Abs. 1 des Vermögensteuergesetzes zugrunde gelegt worden, so ist als Anfangvermögen der Kapitalgesellschaft das tatsächliche Vermögen im Hauptveranlagungszeitpunkt oder Nachveranlagungszeitpunkt anzusetzen.

(3) Sind Unterlagen für die Vermögensfeststellung auf den Beginn des 1. Januar 1940 oder einen späteren Nachveranlagungszeitpunkt nicht vorhanden, so kann das Finanzamt bei natürlichen Abgabepflichtigen die in § 16 Abs. 2 bezeichneten Freibeträge und bei Körperschaften, Personenvereinigungen und Vermögensmassen 20000 RM als Anfangvermögen ansetzen. Macht der Abgabepflichtige einen höheren Wert glaubhaft, so ist dieser als Anfangvermögen anzusetzen.

§ 5
Endvermögen

Endvermögen ist — unter Berücksichtigung der Abrechnungen (§ 6) und Zurechnungen (§ 7) —

in den Fällen des § 1 Abs. 1 Ziffer 1 das nicht abgerundete Gesamtvermögen (§ 1 Abs. 2),

in den Fällen des § 1 Abs. 1 Ziffer 2 das nicht abgerundete im Vereinigten Wirtschaftsgebiet befindliche Inlandvermögen (§ 1 Abs. 2),

das auf den Ablauf des Tages 1 (Feststellungszeitpunkt für das Endvermögen) festgestellt wird.

§ 6
Abrechnungen zur Ermittelung des Endvermögens

Von dem nach § 5 festgestellten Vermögen sind abzurechnen:

1. der Wert des Anfangvermögens von Personen, die an dem für das Anfangvermögen maßgebenden Zeitpunkt noch nicht in die Haushaltsbesteuerung (§ 11 des Vermögensteuergesetzes) einbezogen waren;
2. ein Erwerb von Todes wegen oder durch Schenkung (§§ 2 und 3 des Erbschaftsteuergesetzes) im Veranlagungszeitraum mit dem Wert zur Zeit des Anfalles unter Abzug der Erbschaftsteuer. Bei Erwerb von Todes wegen findet die Abrechnung für den Anteil am Erwerb nicht statt, der abgabepflichtiger Vermögenszuwachs gewesen wäre, wenn der Erblasser auf den Zeitpunkt seines Todes zu der Abgabe zu veranlagen gewesen sein würde;
3. der Wert, den im Veranlagungszeitraum steuerpflichtig gewordene Wirtschaftsgüter an dem für das Anfangvermögen maßgebenden Zeitpunkt gehabt haben;

4. in den Fällen des § 1 Abs. 1 Ziffer 2 der Wert, den im Veranlagungszeitraum in das Vereinigte Wirtschaftsgebiet verbrachte Wirtschaftsgüter zur Zeit der Verbringung gehabt haben;
5. der Betrag einer Kapitalabfindung, die im Veranlagungszeitraum für einen Anspruch der im § 68 Ziffer 1 bis 6 des Reichsbewertungsgesetzes bezeichneten Art gewährt worden ist oder am Veranlagungszeitpunkt zu gewähren ist;
6. der Erlös für im Veranlagungszeitraum veräußerte steuerfreie Wirtschaftsgüter, sofern das Wirtschaftsgut bereits an dem für die Feststellung des Anfangvermögens maßgebenden Stichtag im Eigentum des Abgabepflichtigen stand oder nach diesem Stichtag als Ersatzbeschaffung für ein derartiges Wirtschaftsgut erworben wurde;
7. im Veranlagungszeitraum gemachte Rücklagen für Bodenverzehr und Rücklagen für Wiederaufforstung und Unterhaltung von Waldwegen in der Forstwirtschaft, soweit sie bei der Einkommensteuer bis zum Ablauf des Tages 1 anerkannt sind;
8. der Unterschied zwischen dem ausgezahlten Betrag einer Lebensversicherung oder Kapitalversicherung oder dem Kapitalwert einer auf Grund einer Rentenversicherung gewährten Rente gegenüber dem Wert, mit dem der noch nicht fällige Anspruch aus der Versicherung bei der Feststellung des Anfangvermögens angesetzt worden war. Satz 1 findet insoweit keine Anwendung, als der Wert der Versicherung im Veranlagungszeitraum erhöht worden ist;
9. der ausgezahlte Betrag einer Lebensversicherung oder Kapitalversicherung oder der Kapitalwert einer auf Grund einer Rentenversicherung gewährten Rente, wenn der noch nicht fällige Anspruch aus der Versicherung bei der Feststellung des Anfangvermögens nach § 67 Ziffer 6 des Reichsbewertungsgesetzes nicht berücksichtigt worden ist. Satz 2 Ziffer 8 findet entsprechend Anwendung.

§ 7

Zurechnungen zur Ermittelung des Endvermögens

Dem nach § 5 festgestellten Vermögen sind zuzurechnen:

1. der Teil des Wertes des Anfangvermögens, der auf die im Veranlagungszeitraum aus der Haushaltsbesteuerung (§ 11 des Vermögensteuergesetzes) ausgeschiedenen Personen entfällt;
2. Schenkungen und Zweckzuwendungen (§§ 3 und 4 des Erbschaftsteuergesetzes), die der Abgabepflichtige im Veranlagungszeitraum (§ 3 Abs. 2) gemacht hat, und zwar mit ihrem Wert zur Zeit der Vollziehung. Von der Hinzurechnung sind Schenkungen ausgenommen, die nach § 18 des Erbschaftsteuergesetzes von der Erbschaft- (Schenkung-) Steuer freigelassen sind oder Gegen-

stände betreffen, die nach den Vorschriften des Reichsbewertungsgesetzes nicht zum sonstigen Vermögen gehören. Schenkungen, auf die die Vorschrift des § 24 des Erbschaftsteuergesetzes angewandt worden ist, werden dem Endvermögen nur insoweit zugerechnet, als der Anfall den bei der Erbschaftsteuer- (Schenkungsteuer-) Veranlagung anerkannten, der Arbeit und der Dienstzeit angemessenen Betrag übersteigt.
Bei Schenkungen haftet der Bedachte für den Abgabebetrag, der auf den ihm zugewendeten Teil des abgabepflichtigen Vermögenszuwachses verhältnismäßig entfällt, jedoch nicht über den Betrag hinaus, der ihm nach Abzug der Schenkungsteuer verblieben ist. (Der Abgabepflichtige kann von dem Bedachten Ersatz dieses Abgabebetrages verlangen.);

3. Aufwendungen im Veranlagungszeitraum für den Erwerb der im § 67 Ziffer 10 und 11 des Reichsbewertungsgesetzes genannten Gegenstände, soweit sie nicht schon im Endvermögen enthalten sind, wenn der Anschaffungspreis für den einzelnen Gegenstand mehr als 500 RM betragen hat. Bei Sammlungen sind die Aufwendungen für die einzeln erworbenen Gegenstände hinzuzurechnen, wenn sich der Anschaffungswert der ganzen Sammlung im Veranlagungszeitraum insgesamt um mehr als 1000 RM erhöht hat;
4. Aufwendungen im Veranlagungszeitraum für den Erwerb der in § 68 Ziffer 7 des Reichsbewertungsgesetzes genannten Gegenstände, soweit ihr Erwerb über den gewöhnlichen Bedarf des Abgabepflichtigen oder seines Haushalts hinausgeht und sofern der Anschaffungspreis für den einzelnen Gegenstand mehr als 500 RM oder für mehrere gleichartige oder zusammengehörige Gegenstände mehr als 1000 RM betragen hat. Inwieweit der Erwerb der Gegenstände über den gewöhnlichen Bedarf des Abgabepflichtigen oder seines Haushalts hinausgeht, ist nach den Verhältnissen des Abgabepflichtigen am Beginn des Veranlagungszeitraumes zu beurteilen;
5. der Abgeltungsbetrag für Grundbesitz auf Grund der Verordnung vom 31. Juli 1942 (RGBl. I S. 501), wenn in dem auf einer Nachveranlagung zur Vermögensteuer beruhenden Anfangvermögen ein Grundstück mit seinem Einheitswert unter Hinzurechnung des Abgeltungsbetrages enthalten ist.

§ 8

Kein Abzug der Vermögensabgabe

Bei der Feststellung des Endvermögens dürfen die Abgabebeträge, die der Pflichtige nach dem Gesetz über eine Vermögensabgabe

(Stammabgabe) vom .... zu entrichten hat, nicht in Abzug gebracht werden.

§ 9

Allgemeiner Bewertungsgrundsatz

Das Endvermögen wird nach den Vorschriften des Reichsbewertungsgesetzes bewertet, soweit sich nicht aus den §§ 10 bis 15 oder den zu diesem Gesetz erlassenen Durchführungsbestimmungen etwas anderes ergibt.

§ 10

Keine Einheitsbewertungen

Eine besondere Feststellung von Einheitswerten nach § 21 des Reichsbewertungsgesetzes für die wirtschaftlichen Einheiten des land- und fortwirtschaftlichen Vermögens, des Grundvermögens und des Betriebsvermögens sowie für die Betriebsgrundstücke und die Gewerbeberechtigungen findet nicht statt. Die Bewertung dieser Wirtschaftsgüter erfolgt im Rahmen der Ermittlung des Wertes des Endvermögens.

§ 11

Abschlußzeitpunkt für gewerbliche Betriebe

Abweichend von § 63 Abs. 2 und 3 des Reichsbewertungsgesetzes ist für gewerbliche Betriebe nur der Ablauf des Tages 1 als Feststellungszeitpunkt für das Endvermögen maßgebend.

§ 12

Bewertung des unbeweglichen Vermögens und der Gewerbeberechtigungen

Die wirtschaftlichen Einheiten des land- und forstwirtschaftlichen Vermögens und des Grundvermögens sowie die Betriebsgrundstücke und die Gewerbeberechtigungen werden bei der Ermittlung des Endvermögens mit den auf den 1. Januar 1935 oder mit den bei einer auf einen späteren Stichtag durchgeführten Nachfeststellung oder Wertfortschreibung festgesetzten Einheitswerten angesetzt.

§ 13

Bewertung von Anteilen an Kapitalgesellschaften und dergl.

(1) Aktien oder Anteilscheine, Kuxe, Geschäftsanteile, andere Gesellschaftseinlagen und Geschäftsguthaben bei Genossenschaften, die dem Abgabepflichtigen während des ganzen Veranlagungszeit-

raumes gehört haben, sind in seinem Endvermögen mit den gleichen Werten wie in seinem Anfangvermögen anzusetzen: an die Stelle der für das Anfangvermögen zugrunde gelegten Werte treten die für die Vermögensteuerveranlagung auf den 1. Januar 1946 zugrunde gelegten Werte, wenn diese niedriger sind.

(2) Sind die in Abs. 1 bezeichneten Wirtschaftsgüter während des Veranlagungszeitraumes vor dem 1. Januar 1946 entgeltlich erworben, so werden sie mit den Anschaffungskosten oder dem niedrigeren Vermögensteuerwert 1946 angesetzt; sind sie nach dem 31. Dezember 1945 erworben, sind sie mit den Anschaffungskosten anzusetzen. In den Fällen des Satzes 1 findet § 60 des Reichsbewertungsgesetzes keine Anwendung.

§ 14

Bewertung zerstörter und teilzerstörter Wirtschaftsgüter

(1) Bei durch den Krieg oder infolge des Krieges eingetretenen Verlusten, Teilverlusten oder Wertminderungen, für die nach dem Gesetz über die Neuordnung des Geldwesens, den hierzu erlassenen Durchführungsverordnungen oder auf Grund besonderer gesetzlicher Vorschriften eine Entschädigung gewährt wird, ist in das Endvermögen der Entschädigungsanspruch einschließlich des Wertes des nach Eintritt des Schadens etwa verbliebenen Teils des Wirtschaftsgutes mit folgenden Werten einzusetzen:

1. bei den wirtschaftlichen Einheiten des land- und forstwirtschaftlichen Vermögens des Grundvermögens und bei den Betriebsgrundstücken

   mit dem Einheitswert, der auf den letzten maßgebenden Bewertungsstichtag vor Eintritt des Schadens festgestellt worden ist oder festzustellen gewesen wäre.

   Ist das Wirtschaftsgut im Veranlagungszeitraum erworben worden, so treten an die Stelle des Einheitswertes die Anschaffungskosten, sofern sie höher sind:

2. bei anderen Wirtschaftsgütern

   mit dem Wert (Teilwert, gemeiner Wert) zu Beginn des Kalenderjahres, in dem der Schaden eingetreten ist.

Für Betriebe in den Fällen des § 63 Abs. 3 des Reichsbewertungsgesetzes tritt an die Stelle des Beginns des Kalenderjahres der Beginn des Wirtschaftsjahres, in dem der Schadensfall eingetreten ist. Ist das Wirtschaftsgut nach diesen Stichtagen angeschafft worden, so sind die Anschaffungskosten einzusetzen.

(2) Entschädigungsansprüche wegen kriegsbedingter Verluste an Wirtschaftsgütern, die nicht zum Endvermögen des Abgabepflichtigen gehören (z. B. abgabefreier Hausrat), bleiben außer Ansatz.

§ 15

Bewertung von Forderungen gegen das Reich

Nicht unter § 14 fallende Forderungen gegen das Reich und frühere öffentliche Rechtsträger, für die nach dem Gesetz über die Neuordnung des Geldwesens, den hierzu erlassenen Durchführungsverordnungen oder auf Grund besonderer gesetzlicher Vorschriften eine Entschädigung gewährt wird, sind in das Endvermögen mit ihrem vollen Wert einzusetzen.

§ 16

Haushaltbesteuerung und Freibeträge

(1) Für die Zusammenveranlagung von Ehegatten und für die Zusammenveranlagung des Haushaltvorstandes mit seinen Kindern sind die Vorschriften des § 11 Abs. 1 und 2 des Vermögensteuergesetzes entsprechend anzuwenden.

(2) Bei der Veranlagung der in § 1 Abs. 1 Ziffer 1 bezeichneten Abgabepflichtigen bleibt ein Zuwachs von 5000 RM abgabefrei. Dieser Betrag erhöht sich bei der Veranlagung natürlicher Personen um

1. 3000 RM für die nicht dauernd von dem Abgabepflichtigen getrennt lebende Ehefrau und
2. 1000 RM für jedes Kind, für das dem Abgabepflichtigen am Ablauf des Tages 1 Kinderermäßigung nach den Vorschriften des Einkommensteuergesetzes zusteht.

(3) Kinder im Sinne dieses Gesetzes sind die ehelichen Kinder, die ehelichen Stiefkinder, die ehelich erklärten Kinder, Adoptivkinder, uneheliche Kinder (jedoch nur im Verhältnis zur leiblichen Mutter) und Pflegekinder.

§ 17

Abgabepflichtiger Vermögenszuwachs

Abgabepflichtiger Vermögenszuwachs ist

1. bei Gewährung von Freibeträgen (§ 16 Abs. 2) der Betrag, der nach Abzug der Freibeträge vom Vermögenszuwachs verbleibt,
2. in anderen Fällen der Vermögenszuwachs.

§ 18

Abgabesatz

Die Abgabe beträgt 80 vom Hundert des abgabepflichtigen Vermögenszuwachses.

§ 19

Festsetzung der Abgabe

Die Zuwachsabgabe wird auf Grund einer Erklärung des Abgabepflichtigen durch schriftlichen Steuerbescheid festgesetzt.

§ 20

Anrechnung der Quellenabgabe

Auf die zu entrichtende Zuwachsabgabe wird eine nach den §§ 26, 29 des Gesetzes über die Neuordnung des Geldwesens zu Lasten des Abgabepflichtigen erhobene Quellenabgabe in voller Höhe zum Nennbetrag angerechnet. Angerechnet wird zunächst die auf die Reichsmark-Liquidationsanteile Reihe B und sodann die auf Anleihen, Pfandbriefe und andere Schuldverschreibungen erhobene Quellenabgabe.

§ 21

Zeitpunkt der Entrichtung

(1) Der Abgabepflichtige hat

1. spätestens bis zum Ablauf der Frist für die Abgabe der Erklärung über die Zuwachsabgabe 50 vom Hundert,
2. spätestens 3 Monate nach Ablauf der Erklärungsfrist die restlichen 50 vom Hundert

der nach der Erklärung errechneten Abgabe an das Finanzamt zu entrichten.

(2) Die Verpflichtung zur Vorauszahlung nach Absatz 1 besteht nicht:

1. soweit die Abgabe den Zuwachs betrifft, der auf noch nicht abgegoltene Entschädigungsansprüche und Forderungen im Sinne der §§ 14 und 15 entfällt,
2. soweit die Abgabe durch die Anrechnung der Quellenabgabe (§ 20) gedeckt ist,
3. sofern der Abgabepflichtige bis zum Ablauf der Erklärungsfrist beim Finanzamt Antrag auf Verrentung der Abgabe (§ 22 Absatz 3) gestellt hat.

(3) Der Abgabepflichtige hat die Abgabe, soweit sie nicht durch Vorauszahlungen gemäß Absatz 1 zu entrichten ist, und die Voraussetzungen des Absatzes 2 nicht vorliegen, binnen einem Monat nach Bekanntgabe des Abgabebescheides zu zahlen.

(4) Wird die Vorauszahlung nach Abs. 1 schuldhaft nicht fristgemäß geleistet oder bleibt sie durch Verschulden des Abgabepflichtigen um mehr als ein Viertel hinter der vom Finanzamt festgesetzten Abgabeschuld zurück, so hat der Abgabepflichtige einen Zuschlag von 10 vom Hundert des nachzuzahlenden Betrages zu entrichten.

§ 22

Art der Entrichtung

(1) Die Zuwachsabgabe kann statt in Neugeld in voller Höhe zum Nennbetrag durch Übertragung von Reichsmark-Liquidationsanteilen des Abgabepflichtigen oder durch Überweisung zu Lasten seines Festkontos entrichtet werden.

(2) Mit Zustimmung der Westdeutschen Ausgleichskasse können für die Zuwachsabgabe oder für die Ablösung einer gemäß Abs. 3 übernommenen Kapitalschuld ganz oder zum Teil auch solche Reichsmark-Liquidationsanteile oder Guthaben auf Festkonto in Zahlung gegeben werden, die einem anderen als dem Abgabepflichtigen gehören, soweit hierdurch die wirtschaftliche Beteiligung des anderen an einem Grundstück, Betrieb oder Unternehmen des Abgabepflichtigen ermöglicht wird.

(3) Das Finanzamt kann in besonders gelagerten Fällen dem Abgabepflichtigen auf Antrag gestatten, die Zuwachsabgabe durch Übernahme einer laufend zu tilgenden und jährlich mit 4 vom Hundert zu verzinsenden Kapitalschuld gegenüber der Westdeutschen Ausgleichskasse zu entrichten. Die Kapitalschuld kann jederzeit abgelöst werden. Für die Ablösung gelten Abs. 1 und 2 entsprechend.

(4) Einzelheiten des Verfahrens über die Entrichtung der Zuwachsabgabe werden in den Durchführungsbestimmungen geregelt.

§ 23

Verfahren

(1) Auf die Zuwachsabgabe finden vorbehaltlich des § 24 die Vorschriften der Reichsabgabenordnung entsprechend Anwendung.

(2) Über das nach § 4 maßgebende Anfangvermögen und das nach den §§ 5 bis 15 festzustellende Endvermögen wird ein besonderer Bescheid nicht erteilt. Der Ansatz des Anfangvermögens und des Endvermögens ist nicht selbständig, sondern nur im Rechtsmittelverfahren gegen den Bescheid über die Zuwachsabgabe anfechtbar.

(3) Wird das Anfangvermögen nachträglich ermittelt, oder wird das Anfangvermögen durch Berichtigung geändert, so finden auf den Bescheid über die Zuwachsabgabe die Vorschriften des § 218 Absatz 4 der Reichsabgabenordnung entsprechende Anwendung.

§ 24

Beseitigung von Doppelbesteuerungen

Der Direktor der Verwaltung für Finanzen des Vereinigten Wirtschaftsgebietes ist ermächtigt, Bestimmungen zur Beseitigung von Doppelbesteuerungen für die Fälle zu treffen, in denen in § 1 Abs. 1 Ziffer 1 bezeichnete Abgabepflichtige in der sowjetischen Besetzungszone Inlandvermögen im Sinne des § 77 des Reichsbewertungsgesetzes haben und dort mit dem Zuwachs an diesem Vermögen zu einer entsprechenden Zuwachsabgabe herangezogen werden.

§ 25

Billigkeitserlaß

§ 131 Abs. 1 der Reichsabgabenordnung findet keine Anwendung. Jedoch kann die Zuwachsabgabe in den Fällen, in denen ihre Einziehung den Abgabepflichtigen wirtschaftlich zugrunde richten würde, ganz oder teilweise erlassen werden; entrichtete Abgabebeträge können erstattet (angerechnet) werden. Die Entscheidung über den Erlaß oder die Erstattung der Abgabe wird von einem Ausschuß getroffen, dem der Direktor der Verwaltung für Finanzen des Vereinigten Wirtschaftsgebietes oder ein von ihm beauftragter Vertreter als Vorsitzender und je ein Vertreter von vier durch den Länderrat bestimmten Ländern angehören. Die näheren Bestimmungen über das Verfahren treffen die Durchführungsbestimmungen.

§ 26

Rückwirkungen auf die Vermögensteuer

Die Rückwirkung der Zuwachsabgabe auf die Vermögensteuer wird besonders geregelt.

§ 27

Durchführungs- und Ausführungsbestimmungen

Der Direktor der Verwaltung für Finanzen des Vereinigten Wirtschaftsgebietes erläßt die zur Durchführung und Ausführung dieses Gesetzes erforderlichen Bestimmungen und Verwaltungsanordnungen.

§ 28

Inkrafttreten

Dieses Gesetz tritt mit dem Tage der Verkündung in Kraft.

Anlage 3

Entwurf

Gesetz

über eine

Vermögensabgabe (Stammabgabe) (VA)

vom . . . .

Auf Grund der §§ 26 Abs. 1 Ziffer 2 und 28 des Gesetzes über die Neuordnung des Geldwesens vom.......... wird nach den Vorschriften dieses Gesetzes eine einmalige Vermögensabgabe (Stammabgabe) erhoben.

§ 1

Abgabepflicht

(1) Abgabepflichtig sind:

1. mit dem gesamten Stammvermögen:
   a) Deutsche und Staatenlose, die mit dem Ablauf des Tages 1 ihren Wohnsitz oder gewöhnlichen Aufenthalt im Vereinigten Wirtschaftsgebiet gehabt haben,
   b) Körperschaften, Personenvereinigungen und Vermögensmassen im Sinne des § 1 Abs. 1 Ziffer 2 des Vermögensteuergesetzes, die mit dem Ablauf des Tages 1 ihre Geschäftsleitung oder ihren Sitz im Vereinigten Wirtschaftsgebiet gehabt haben;
2. mit dem im Vereinigten Wirtschaftsgebiet befindlichen Inland-Stammvermögen:
   nicht unter Ziffer 1 fallende natürliche Personen, Körperschaften, Personenvereinigungen und Vermögensmassen, die mit dem Ablauf des Tages 1 im Vereinigten Wirtschaftsgebiet Inlandvermögen gehabt haben.

(2) Im Sinne dieses Gesetzes gilt als gesamtes Stammvermögen das Vermögen im Sinne der §§ 73 Abs. 1 und 3, 74 bis 76 des Reichsbewertungsgesetzes mit Ausnahme des in der sowjetischen Besatzungszone befindlichen Vermögens im Sinne des § 77 des Reichsbewertungsgesetzes, als im Vereinigten Wirtschaftsgebiet befindliches Inland-Stammvermögen das in diesem Gebiet befindliche Vermögen im Sinne des § 77 des Reichsbewertungsgesetzes.

(3) Als Vereinigtes Wirtschaftsgebiet gilt das Gebiet der amerikanischen, britischen und französischen Besatzungszone Deutschlands (sowie der amerikanische, britische und französische Sektor von Berlin).

§ 2
Befreiungen

Von der Stammabgabe sind Körperschaften, Personenvereinigungen und Vermögensmassen insoweit befreit, als sie nach § 3 des Vermögensteuergesetzes oder auf Grund anderer gesetzlicher Vorschriften von der Vermögensteuer befreit sind.

§ 3
Feststellungszeitpunkt

Für die Feststellung des Stammvermögens ist der Ablauf des Tages 1 maßgebend.

§ 4
Abzug der Zuwachsabgabe

Bei der Feststellung des Stammvermögens werden die Abgabebeträge, die der Pflichtige nach dem Gesetz über eine Abgabe vom Vermögenszuwachs (Zuwachsabgabe) vom .... zu entrichten hat, in Abzug gebracht.

§ 5
Allgemeiner Bewertungsgrundsatz

Das Stammvermögen wird nach den Vorschriften des Reichsbewertungsgesetzes bewertet, soweit sich nicht aus den §§ 6 bis 13 oder den zu diesem Gesetz erlassenen Durchführungsbestimmungen etwas anderes ergibt.

§ 6
Keine Einheitsbewertung

Eine besondere Feststellung von Einheitswerten nach § 21 des Reichsbewertungsgesetzes für die wirtschaftlichen Einheiten des land- und forstwirtschaftlichen Vermögens, des Grundvermögens und des Betriebsvermögens sowie für die Betriebsgrundstücke und die Gewerbeberechtigungen findet nicht statt. Die Bewertung dieser Wirtschaftsgüter erfolgt im Rahmen der Ermittlung des Wertes des Stammvermögens.

§ 7
Abschlußzeitpunkt für gewerbliche Betriebe

Abweichend von § 63 Abs. 2 und 3 des Reichsbewertungsgesetzes ist für gewerbliche Betriebe nur der Ablauf des Tages 1 als Feststellungszeitpunkt für das Stammvermögen maßgebend.

§ 8

Bewertung des unbeweglichen Vermögens und der Gewerbeberechtigungen

(1) Die wirtschaftlichen Einheiten des land- und forstwirtschaftlichen Vermögens und des Grundvermögens sowie die Betriebsgrundstücke und die Gewerbeberechtigungen werden bei der Ermittlung des Stammvermögens mit den auf den 1. Januar 1935 oder mit den bei einer auf einen späteren Stichtag durchgeführten Nachfeststellung oder Wertfortschreibung festgesetzten Einheitswerten angesetzt.

(2) Unbebaute Grundstücke sind statt mit den nach Abs. 1 maßgebenden Werten nur mit 50 vom Hundert dieser Werte anzusetzen.

§ 9

Nichtansetzung von Aktien und dergl. abgabepflichtiger Unternehmungen

Aktien oder Anteilscheine, Kuxe, Geschäftsanteile, andere Gesellschaftseinlagen und Geschäftsguthaben bei Genossenschaften bleiben bei der Ermittlung des abgabepflichtigen Stammvermögens dann außer Ansatz, wenn die Gesellschaft, Genossenschaft oder sonstige Unternehmung selbst nach § 1 Abs. 1 Ziffer 1 oder 2 abgabepflichtig ist.

§ 10

Erweiterte Ansetzung von Wirtschaftsgütern gegenüber §§ 67, 68 des Reichsbewertungsgesetzes

Abweichend von den §§ 67, 68 des Reichsbewertungsgesetzes werden bei der Ermittlung des Stammvermögens angesetzt

1. die in § 67 Ziffer 2, 6, 8 des Reichsbewertungsgesetzes bezeichneten Wirtschaftsgüter ohne Rücksicht auf ihren Betrag oder Wert;
2. Gegenstände aus edlem Metall, Schmuckgegenstände und Luxusgegenstände, auch wenn sie zur Ausstattung der Wohnung des Abgabepflichtigen gehören, sofern ihr gemeiner Wert insgesamt 5000 RM übersteigt. Sind Gegenstände dieser Art nach dem 31. Dezember 1939 erworben, so gehören sie zum Stammvermögen, wenn der Anschaffungspreis für den einzelnen Gegenstand 500 RM übersteigt; in diesem Fall sind sie ohne Rücksicht auf einen abweichenden Wert mit dem tatsächlichen Anschaffungspreis anzusetzen. Die in § 67 Ziffer 10 zu a) und b) vorgesehenen Ausnahmevorschriften und höheren Freigrenzen finden keine Anwendung;

3. die in § 67 Ziffer 11 des Reichsbewertungsgesetzes bezeichneten Kunstgegenstände und Sammlungen, sofern ihr gemeiner Wert insgesamt 10000 RM übersteigt. Die in § 67 Ziffer 11 unter a) und b) vorgesehenen Ausnahmevorschriften und höheren Freigrenzen finden keine Anwendung;
4. Gegenstände des Hausrats sowie des häuslichen oder persönlichen Gebrauchs oder Verbrauchs, soweit ihr Erwerb über den Bedarf des Abgabepflichtigen oder seines Haushalts hinausgeht, und sofern die Anschaffung nach dem 31. Dezember 1939 erfolgt ist und der Anschaffungspreis für den einzelnen Gegenstand mehr als 500 RM oder für mehrere gleichartige oder zusammengehörige Gegenstände mehr als 1000 RM betragen hat. Inwieweit der Erwerb der Gegenstände über den gewöhnlichen Bedarf des Abgabepflichtigen oder seines Haushalts hinausgeht, ist nach den Verhältnissen des Abgabepflichtigen am 1. Januar 1940 oder bei späterem Eintritt in die Steuerpflicht nach den Verhältnissen zu diesem Zeitpunkt zu beurteilen.

§ 11

Bewertung zerstörter und teilzerstörter Wirtschaftsgüter

(1) Bei durch den Krieg oder infolge des Krieges eingetretenen Verlusten, Teilverlusten oder Wertminderungen, für die nach dem Gesetz über die Neuordnung des Geldwesens, den hierzu erlassenen Durchführungsverordnungen oder auf Grund besonderer gesetzlicher Vorschriften eine Entschädigung gewährt wird, ist in das Stammvermögen der Entschädigungsanspruch in der festgestellten Höhe zuzüglich des Wertes des nach Eintritt des Schadens etwa verbliebenen Teiles des Wirtschaftsgutes (fortgeschriebener Einheitswert, Bilanzwert, gemeiner Wert) einzusetzen.

(2) Entschädigungsansprüche wegen kriegsbedingter Verluste an Wirtschaftsgütern, die nicht zum Stammvermögen des Abgabepflichtigen gehören (zum Beispiel: abgabefreier Hausrat) bleiben außer Ansatz.

§ 12

Bewertung von Forderungen gegen das Reich

Nicht unter § 11 fallende Forderungen gegen das Reich und frühere öffentliche Rechtsträger, für die nach dem Gesetz über die Neuordnung des Geldwesens, den hierzu erlassenen Durchführungsverordnungen oder auf Grund besonderer gesetzlicher Vorschriften eine Entschädigung gewährt wird, sind in das Stammvermögen mit ihrem vollen Wert einzusetzen.

§ 13
Schulden und Lasten

(1) Bei der Ermittlung des Stammvermögens der in § 1 Abs. 1 Ziffer 1 bezeichneten Abgabepflichtigen sind Schulden und Lasten, die in wirtschaftlichem Zusammenhang mit dem in der sowjetischen Besatzungszone befindlichen Vermögen im Sinne des § 77 des Reichsbewertungsgesetzes stehen, nicht abzuziehen.

(2) Bei der Ermittlung des im Vereinigten Wirtschaftsgebiet befindlichen Inlandstammvermögens der in § 1 Abs. 1 Ziffer 2 bezeichneten Abgabepflichtigen sind nur die Schulden und Lasten abzuziehen, die in wirtschaftlichem Zusammenhang mit dem im Vereinigten Wirtschaftsgebiet befindlichen Inlandstammvermögen stehen.

§ 14
Haushaltsbesteuerung und Freibeträge

(1) Für die Zusammenveranlagung von Ehegatten und für die Zusammenveranlagung des Haushaltsvorstandes mit seinen Kindern sind die Vorschriften des § 11 Abs. 1 und 2 des Vermögensteuergesetzes entsprechend anzuwenden.

(2) Bei der Veranlagung der im § 1 Abs. 1 Ziffer 1 bezeichneten Abgabepflichtigen bleiben 5000 Reichsmark abgabefrei. Dieser Betrag erhöht sich bei der Veranlagung natürlicher Personen um

1. 3000.— RM für die nicht dauernd von dem Abgabepflichtigen getrennt lebende Ehefrau und
2. 1000.— RM für jedes Kind, für das dem Abgabepflichtigen am Ablauf des Tages 1 Kinderermäßigung nach den Vorschriften des Einkommensteuergesetzes zusteht.

Kinder im Sinne dieses Gesetzes sind die ehelichen Kinder, die ehelichen Stiefkinder, für ehelich erklärte Kinder, Adoptivkinder, uneheliche Kinder (jedoch nur im Verhältnis zur leiblichen Mutter) und Pflegekinder.

§ 15
Abrundung, abgabepflichtiges Stammvermögen

(1) Das Stammvermögen wird auf volle 100.— RM nach unten abgerundet.

(2) Abgabepflichtiges Stammvermögen ist

1. bei Gewährung von Freibeträgen (§ 14 Abs. 2) der Betrag, der nach Abzug der Freibeträge vom Stammvermögen verbleibt,
2. in anderen Fällen das Stammvermögen.

§ 16
Abgabesatz

Die Stammabgabe beträgt 50 vom Hundert des abgabepflichtigen Stammvermögens.

§ 17
Festsetzung der Abgabe

Die Stammabgabe wird auf Grund einer Erklärung des Abgabepflichtigen durch schriftlichen Steuerbescheid festgesetzt.

§ 18
Anrechnung der Quellenabgabe

Auf die zu entrichtende Stammabgabe wird eine nach §§ 26, 29 des Gesetzes über die Neuordnung des Geldwesens zu Lasten des Abgabepflichtigen erhobene Quellenabgabe zum Nennbetrag angerechnet:

1. soweit sie auf Anleihen, Pfandbriefen und anderen Schuldverschreibungen erhoben worden ist, in voller Höhe,
2. soweit sie auf Reichsmark-Liquidationsanteile Reihe B erhoben worden ist, in dem Verhältnis, in dem das steuerbare Geldvermögen (§ 21) zum steuerbaren Rohvermögen des Abgabepflichtigen steht.

§ 19
Zeitpunkt der Entrichtung

(1) Der Abgabepflichtige hat

1. spätestens bis zum Ablauf der Frist für die Abgabe der Erklärung über die Stammabgabe 50 vom Hundert,
2. spätestens 3 Monate nach Ablauf der Erklärungsfrist die restlichen 50 vom Hundert

der nach der Erklärung errechneten Abgabe an das Finanzamt zu entrichten.

(2) Die Verpflichtung zur Vorauszahlung nach Absatz 1 besteht nicht:

1. soweit die Abgabe Vermögen betrifft, das auf noch nicht abgegoltene Entschädigungsansprüche und Forderungen im Sinne der §§ 11 und 12 entfällt,
2. soweit die Abgabe durch die Anrechnung der Quellenabgabe (§ 18) gedeckt ist,
3. sofern der Abgabepflichtige bis zum Ablauf der Erklärungsfrist beim Finanzamt Antrag auf Verrentung der Abgabe (§ 20 Absatz 3) gestellt hat.

(3) Der Abgabepflichtige hat die Abgabe, soweit sie nicht durch Vorauszahlungen gemäß Absatz 1 zu entrichten ist, und die Voraussetzungen des Absatzes 2 nicht vorliegen, binnen einem Monat nach Bekanntgabe des Abgabebescheides zu zahlen.

(4) Wird die Vorauszahlung nach Abs. 1 schuldhaft nicht fristgemäß geleistet oder bleibt sie durch Verschulden des Abgabepflichtigen um mehr als ein Viertel hinter der vom Finanzamt festgesetzten Abgabeschuld zurück, so hat der Abgabepflichtige einen Zuschlag von 10 vom Hundert des nachzuzahlenden Betrages zu entrichten.

§ 20

Art der Entrichtung

(1) Die Stammabgabe ist grundsätzlich in Neugeld zu entrichten. Sie kann auch statt in Neugeld entrichtet werden:

1. durch Überweisung zu Lasten des Festkontos des Abgabepflichtigen, und zwar in voller Höhe zum Nennbetrag,
2. durch Übertragung von Reichsmark-Liquidationsanteilen der Reihe A, die dem Abgabepflichtigen gehören, und zwar in voller Höhe zum Nennbetrag,
3. durch Überweisung von Reichsmark-Liquidationsanteilen der Reihe B, die dem Abgabepflichtigen gehören, und zwar zum Nennbetrag, jedoch höchstens in dem Verhältnis, in dem das Geldvermögen (§ 21) des Abgabepflichtigen zu seinem gesamten Rohvermögen steht.

(2) Mit Zustimmung der Westdeutschen Ausgleichskasse können für die Stammabgabe oder für die Ablösung einer gemäß Abs. 3 übernommenen Kapitalschuld ganz oder zum Teil auch solche Reichsmark-Liquidationsanteile der Reihe A oder Guthaben auf Festkonto in Zahlung gegeben werden, die einem anderen als dem Abgabepflichtigen gehören, soweit hierdurch die wirtschaftliche Beteiligung des anderen an einem Grundstück, Betrieb oder Unternehmen des Abgabepflichtigen ermöglicht wird.

(3) Das Finanzamt kann dem Abgabepflichtigen auf Antrag gestatten, die Stammabgabe durch Übernahme einer laufend zu tilgenden und jährlich mit 4 vom Hundert zu verzinsenden Kapitalschuld gegenüber der Westdeutschen Ausgleichskasse zu entrichten. Die Kapitalschuld kann jederzeit abgelöst werden. Für die Ablösung gelten Abs. 1 und 2 entsprechend.

(4) Einzelheiten des Verfahrens über die Entrichtung der Zuwachsabgabe werden durch die Durchführungsbestimmungen geregelt.

§ 21

Geldvermögen

Zum Geldvermögen im Sinne des § 28 Abs. 4 des Gesetzes über die Neuordnung des Geldwesens und der §§ 18 Ziffer 2, 20 Abs. 1 Ziffer 3 dieses Gesetzes gehören:

1. inländische und ausländische Zahlungsmittel,
2. Postscheckguthaben,
3. Bankguthaben (die innerhalb von drei Monaten nach dem Tag 1 fällig werden oder fällig gestellt werden können),
4. sonstige laufende Guthaben,
5. Spareinlagen (mit Kündigungsfristen von nicht mehr als drei Monaten),
6. fällige oder innerhalb von drei Monaten nach dem Tag 1 fällig werdende Forderungen.

§ 22

Verfahren

(1) Auf die Stammabgabe finden, vorbehaltlich des § 23 die Vorschriften der Reichsabgabenordnung entsprechende Anwendung.

(2) Über das nach den §§ 3 bis 13 festgestellte Stammvermögen wird ein besonderer Bescheid nicht erteilt. Der Ansatz des Stammvermögens ist nicht selbständig, sondern nur im Rechtsmittelverfahren gegen den Bescheid über die Stammabgabe anfechtbar.

§ 23

Billigkeitserlaß

§ 131 Abs. 1 der Reichsabgabenordnung findet keine Anwendung. Jedoch kann die Stammabgabe in den Fällen, in denen ihre Einziehung den Abgabepflichtigen wirtschaftlich zugrunde richten würde, ganz oder teilweise erlassen werden; entrichtete Abgabebeträge können erstattet (angerechnet) werden. Die Entscheidung über den Erlaß oder die Erstattung der Abgabe wird von einem Ausschuß getroffen, dem der Direktor der Verwaltung für Finanzen des Vereinigten Wirtschaftsgebietes oder ein von ihm beauftragter Vertreter als Vorsitzender und je ein Vertreter von vier durch den Länderrat bestimmten Ländern angehören. Die näheren Bestimmungen über das Verfahren treffen die Durchführungsbestimmungen.

§ 24
Rückwirkungen auf die Vermögensteuer

Die Rückwirkung der Stammabgabe auf die Vermögensteuer wird besonders geregelt.

§ 25
Durchführungs- und Ausführungsbestimmungen

Der Direktor der Verwaltung für Finanzen des Vereinigten Wirtschaftsgebietes erläßt die zur Durchführung und Ausführung dieses Gesetzes erforderlichen Bestimmungen und Verwaltungsanordnungen.

§ 26
Inkrafttreten

Dieses Gesetz tritt mit dem Tage der Verkündung in Kraft.

Bemerkungen zum Gesetz *

Von Dr. Curt Fischer

A. Die wirtschafts- und währungspolitische Ausgangslage

Eine Analyse der Situation der deutschen Währung im Frühjahr 1948, drei Jahre nach dem militärischen und wirtschaftlichen Zusammenbruch des Naziregimes in Deutschland, wird an jene Grundsätze und Zielsetzungen heranführen, die für die Neuordnung des Geldwesens beachtet werden müssen.

Das gesunde und in sich gleichgewichtige Geldwesen des Wilhelminischen Deutschlands war als Folge der Finanzierung des ersten Weltkrieges und in Auswirkung des Zusammenbruchs im Jahre 1918 auf dem Wege einer fünf Jahre abwärtsgleitenden offenen Inflation zerbrochen. Das Sanierungswerk des Jahres 1923 mit Hilfe der Rentenmark erreichte eine dauerhafte Stabilisierung des Innenwertes der Mark und stellte insofern einen der seltenen Fälle einer gelungenen Geldreform dar. Es gelang indessen nicht, den Außenwert der Mark auf die Dauer auf eine stabile Grundlage zu bringen, weil die Wiederherstellung normaler und ausgewogener internationaler Währungsparitäten an dem ungelösten Reparationsproblem und an anderen politischen Fragen scheiterte. Die Deflationskrise im Jahre 1931 wurde der deutschen Währungspolitik nicht wegen einer Schwäche des Innenwertes der Mark, sondern von außenher durch eine allgemeine krisenhafte Entwicklung und Erschütterung der internationalen Währungssituation aufgezwungen, wogegen eine Abwehr infolge der schwachen Außenposition der deutschen Mark unmöglich war. Der an sich schon fragwürdige Versuch, sich mit einer deflationistischen Währungspolitik der internationalen Entwicklung anzupassen, löste innerhalb Deutschlands schärfste soziale Spannungen aus, unter denen die Weimarer Republik 1933 zusammenbrach und dem Natioalsozialismus Platz machen mußte.

Das Naziregime ließ bereits bei seinen ersten politischen Maßnahmen erkennen, daß es entschlossen war, sich über die auf den bisherigen theoretischen Erkenntnissen und praktischen Erfahrungen aufgebauten Gesetze und Grundsätze einer gesunden Geld- und Kreditpolitik hinwegzusetzen. Von den ersten Ansätzen zur Beseitigung der aus der Deflationskrise stammenden Arbeitslosigkeit im Jahre

* Abgeschlossen am 18. April 1948.

1933 bis zur „geräuschlosen" Finanzierung der Rüstungs- und Kriegsaufgaben ist ein gradliniger Weg der Entwicklung und Vervollkommnung der Methoden einer zuerst maßvollen, später uferlosen Geldschöpfung. Mit der ständig steigenden Vermehrung des Noten- und Giralgeldes konnte die Vergrößerung der in der Volkswirtschaft produzierten Warenmenge nur wenige Jahre Schritt halten, da die produktiven Kräfte in immer größerem Umfang für die „unproduktiven" Zwecke der Rüstung und Kriegsvorbereitung eingesetzt wurden. Nach den für die Geldwirtschaft anerkannten Gesetzmäßigkeiten, wie sie in der sog. Quantitätstheorie einen allgemein gültigen Ausdruck gefunden haben, hätte diese Geldschöpfung *ohne* entsprechende Vermehrung der verfügbaren Warenmenge zu einer *erheblichen Preissteigerung* mit Inflationscharakter führen müssen. (Der noch mitsprechende Faktor der Umlaufgeschwindigkeit des Geldes kann hier vernachlässigt werden.) Die nationalsozialistische Wirtschaftspolitik verhinderte die inflationistische Auswirkung ihrer Geldschöpfung durch den 1936 verfügten *Preisstopp*. Mit allen Mitteln der Gesetzgebung und Verwaltung wurden die Preise auf den Stand vom Herbst 1936 stabilisiert und „vereist".

Diese Konzeption einer Blockierung jeder Preisveränderung und Preisentwicklung in der Volkswirtschaft wurde dem nationalsozialistischen Staat indessen noch aus einer zweiten Kausalreihe wirtschaftspolitischer Maßnahmen nahegelegt oder besser gesagt aufgezwungen. Der Nationalsozialismus war mit einer grundsätzlichen Gegnerschaft zu den Gesetzen einer freien Marktwirtschaft und freier, sich nach Angebot und Nachfrage einspielender Preisbildung in Deutschland zur Macht gekommen. Im Gegensatz zu der von ihm als Anarchie bezeichneten Freiheit jedes Verbrauchers, durch eine Vielzahl von täglichen Einzelentscheidungen über die Befriedigung seiner Bedürfnisse, Impuls und Richtung der Güterproduktion zu bestimmen, setzte er die Forderung, daß diese „Eigengesetzlichkeit" der Wirtschaft zerbrochen werden müßte und daß die politische Führung des Staates der Volkswirtschaft die grundsätzlichen Produktionsaufgaben zu stellen hätte. Hinter der Forderung nach einer zentralen, durch staatliche Planung gesteuerten Volkswirtschaft, hinter der harmlos klingenden Formulierung der von seiten der politischen Führung der Wirtschaft zu stellenden „Aufgaben" verbarg sich die Zielsetzung zur Aufrüstung und Kriegführung. Aus dieser entscheidenden *Wendung zur staatlichen Planwirtschaft* ergaben sich sehr bald eine Reihe wirtschaftspolitischer *Zwangsläufigkeiten*. Planung in der Sphäre der Produktion zwingt zu einem Übergriff der Planung in der Sphäre der Verteilung der Güter und führt damit unvermeidlich zur Bewirtschaftung. Denn wenn in dem sich laufend ausgleichenden Automatismus des freien Marktes durch staatliche Planung auf der Angebotsseite gestaltend eingegriffen wird, muß gleichzeitig die legitime Nachfrage nach den Planungsziffern ausgerichtet werden, soll die Planwirtschaft überhaupt als Versuch einer Ordnung der Volkswirtschaft Erfolg haben. Wenn nun die beiden Bestimmungsfaktoren einer freien Preisbildung, Angebot und Nachfrage, durch staatliche Planung und Kontingentierung gesteuert und vorweg ohne Rücksicht auf den Markt bestimmt werden, dann verlieren Preisänderungstendenzen nach oben oder unten ihren volkswirtschaftlichen Sinn. Die politische Führung fällt der Versuchung anheim, solche Preisänderungstendenzen als Störungselemente ihrer staatlichen Planung durch Preisstabilisierung und letztlich durch Preisstopp auszuschalten. Aus dieser zweiten, aus ihren eigenen Maßnahmen resultierenden Zwangsläufigkeit sah sich die nationalsozialistische Wirtschaftspolitik 1936 zum Preisstopp genötigt.

Es war lediglich eine notwendige Ergänzung und Abrundung der inneren Währungs- und Wirtschaftspolitik, daß sich das nationalsozialistische Regime schon 1934 veranlaßt sah, eine allgemeine Devisenbewirtschaftung mit allen Konsequenzen für den Außenhandel einzuführen. Durch die Devisenbewirtschaftung wurde die Abschaltung des innerdeutschen Marktes von allen Preisbewegungen an den internationalen Märkten durchgesetzt und damit der innerdeutsche Marktausgleich seines funktionell notwendigen Ventils einer freien Ein- und Ausfuhr von Waren beraubt. Das innerdeutsche Preisgefüge war damit verfälscht und seine Vereisung durch Preisstopp eine unvermeidliche Konsequenz.

Mit dem Preisstopp des Jahres 1936 zerstörte sich die deutsche Wirtschaftspolitik das für eine geld- und kreditwirtschaftliche Steuerung des Wirtschaftsablaufs unerläßlich notwendige „Preisbarometer". Die gestoppten Preise entsprachen nicht mehr den betriebswirtschaftlichen Kostenlagen und unterstrichen nicht mehr die volkswirtschaftlichen Mangellagen. Die eigentliche Währungspolitik verlor mit dem zerstörten Preisbarometer das Orientierungsinstrument für die täglich neu zu treffende Entscheidung über die Dosierung der in der Volkswirtschaft umlaufenden Geldmenge. Nach der allgemein anerkannten Verkehrsgleichung der Quantitätstheorie des Geldes in der heute gültigen Fassung muß sich, bei einer als konstant vorausgesetzten normalen Umlaufgeschwindigkeit des Geldes, bei einem gegebenen Umfang und Trend der produzierten Warenmenge innerhalb der gesamten Volkswirtschaft, jede Veränderung der Geldmenge im Preisspiegel ausdrücken. Umgekehrt: Jede durch Entscheidungen der für die Geldpolitik zuständigen Instanzen verursachte Vermehrung oder Verminderung der Geldmenge, die keine volkswirtschaftliche Rechtfertigung und Grundlage in einer

Steigerung oder einem Sinken der produzierten Warenmenge besitzt, kann in den Bewegungen der Preise abgelesen werden und kündigt sich warnend als inflationistische oder deflationistische Tendenz an.

Die Wirtschaftspolitik der Jahre 1936 bis 1945 setzte sich über dieses unerläßliche Orientierungsinstrument für eine gesunde Geldpolitik hinweg und ließ politische Gesichtspunkte und Zielsetzungen für eine uferlose Geldvermehrung entscheidend sein. Der Preisstopp verhinderte, daß sich die ständig steigende Disproportionalität zwischen der dem normalen volkswirtschaftlichen Verbrauch gewidmeten Gütermenge und der umlaufenden Geldmenge in einer Preissteigerung auswirkte. Durch die staatliche Planung und Bewirtschaftung, die sich ständig ausdehnte und letztlich allumfassend geworden war, wurde der Preisstopp in seiner Wirksamkeit so nachhaltig unterstützt, daß sich der in der Geldgeschichte erstmalige Sachverhalt einer ungeheuren Geldinflation, verbunden mit absoluter Fixierung des Preisniveaus am Ausgangspunkt, über den Zusammenbruch des Jahres 1945 hinweg bis zum Tage als das Monstrum einer durch Preisstopp zurückgestauten Inflation, einer „preisgestoppten Inflation", erhalten hat.

Gegenüber dem Umfang der preisgestoppten Inflation mußten alle Versuche während des Naziregimes, die überschüssige Kaufkraft durch Steuern, Anleihen usw. abzuschöpfen, ungenügend bleiben. Das gleiche negative Urteil ist in diesem Zusammenhang über die Steuergesetze des Alliierten Kontrollrates von 1946 zu fällen, die auch vor allem deshalb zu keiner wirksamen und endgültigen Absaugung von überschüssiger Kaufkraft führen konnten, weil die eingezogenen Mittel über die öffentlichen Haushalte zum größten Teil wieder neu verausgabt wurden. Dadurch bewegten sich die überschüssigen Kaufkrafteinheiten in immer neuem substanzverzehrenden Kreislauf durch die Volkswirtschaft.

Die Möglichkeit einer geldwirtschaftlichen Steuerung der Volkswirtschaft ist bei preisgetoppter Inflation zerstört. Die als Ersatz gedachte güterwirtschaftliche Steuerung durch die staatliche Planung ist an den Folgen der Zwangsläufigkeiten des von ihr selbst durch Geldvermehrung und Preisstopp hervorgerufenen Kaufkraftüberhangs gescheitert. Da die Geldeinheit nicht mehr aus sich heraus selbständige Kaufkraft auf in freier Entscheidung gewählte Güter besitzt, sondern zum Geld erst noch ein durch staatlichen Planungs- und Bewirtschaftungsakt geschaffener Bezugschein kommen muß, hat das Geld seine volkswirtschaftliche Funktion als Zirkulationsmittel eingebüßt. Erhebliche Umsätze der Volkswirtschaft vollziehen sich mehr und mehr außerhalb des Geldsektors; Kompensations- und Tauschgeschäfte, Naturalentlohnung usw. sind unvermeidliche Folgeerscheinungen der Zerstörung der Geldfunktionen, ohne daß der Staat fähig wäre, dies durch Verwaltungsakte oder Polizeiaktionen zu verhindern. Außerdem beginnen die Säulen des aus der Nazizeit hinübergeretteten Preisstopps unter dem Überdruck des Kaufkraftüberhangs zu wanken, und der Zusammenbruch ist nur eine Frage der Zeit. Unsere Wirtschaft ist infolge der preisgestoppten Inflation aus dem Stande einer modernen arbeitsteiligen Volkswirtschaft in das Stadium einer primitiven mittelalterlichen Tauschwirtschaft zurückgefallen. Der Naturaltausch und die Eigenwirtschaft breiten sich ständig aus. Dieser Tatbestand ist für Deutschland, das angesichts seiner jetzt außerordentlich großen Bevölkerungsdichte auf einen umfassend arbeitsteiligen Produktionsprozeß angewiesen ist, für die nahe und weite Zukunft unhaltbar.

Eine Währungsreform mit der Zielsetzung, dem Geld seine volkswirtschaftliche Funktion als Zirkulationsmittel für alle Umsätze einer weitgehend arbeitsteiligen Wirtschaft zurückzugeben, und die hierdurch wieder vorhandene Möglichkeit einer geld- und kreditwirtschaftlichen Steuerung des Ablaufs der Volkswirtschaft ist das unverzichtbare Kernstück und der schnellstens vorzunehmende Schritt, um die Primitivierung und todesähnliche Erstarrung des Wirtschaftslebens zu überwinden. Diese Geldreform wird das Erbe, oder besser gesagt die Konkursmasse der Planungs-, Rüstungs- und Kriegswirtschaft des Naziregimes zu liquidieren haben. Es kann einerseits nicht klar genug ausgesprochen werden, daß eine Überwindung des wirtschaftlichen Zusammenbruchs ohne dauerhafte und strenge Lösung des vordringlichen Kernproblems einer Neuordnung des Geldwesens unmöglich ist. Andererseits sollte man sich durch die nüchterne Einsicht in die komplexen Zusammenhänge aller volkswirtschaftlichen Vorgänge und Maßnahmen vor der gefährlichen Illusion hüten, als ob die Währungsreform als isolierte Einzelmaßnahme wirtschaftliche Wunder vollbringen könnte und ein „gutes, weil knappes" neues Geld mit einem Schlag die volkswirtschaftliche Destruktion der letzten fünfzehn Jahre in eine sinnvolle Ordnung verwandeln würde. Die Währungsreform stellt sich nur als der erste Schritt für die Lösung der zentralen und vielgestaltigen Aufgabe dar, unserer Volkswirtschaft eine neue Ordnung zu geben. Dabei müssen die konstruktiven Gesichtspunkte und Zielsetzungen auf allen Teilgebieten der Rechts- und Wirtschaftspolitik aufeinander abgestimmt sein und mit der für die Neuordnung des Geldwesens maßgebenden Grundkonzeption in Einklang stehen.

B. Der Sanierungsplan

I. Zur Methode der Reform

1. Die besondere Eigenart der derzeitigen Währungszerrüttung in Deutschland bedingt eine grundsätzliche Aufspaltung der zu einer

Sanierung notwendigen Maßnahmen. Die Beseitigung des Geldüberhangs aus der preisgestoppten Inflation ist eine Aufgabe innerhalb des rein monetären Sektors. Die Regelung des mit dem Geldüberhang in Zusammenhang stehenden Problems der Reichsverschuldung führt aus der monetären Sphäre heraus in den Bereich einer Vermögensumschichtung, die sich durch die Kriegsereignisse längst vollzogen hat, die jedoch bisher durch den Schleier des Geldüberhangs verborgen blieb. Das Problem der Reichsverschuldung gliedert sich in zwei große Fragekreise:

a) Behandlung der titulierten Reichsschuld (Anleihen, Reichsschatzwechsel usw.),
b) Bearbeitung und Festsetzung aller noch nicht titulierten Ansprüche gegen das Reich aus Kriegs- und Kriegsfolgeschäden (insbesondere Bomben- und Flüchtlingsschäden).

Jede Sanierung der deutschen Währung muß in organischem Zusammenhang die beiden Hauptprobleme der Regelung im monetären Sektor und die Frage der Reichsschulden zu einer endgültigen Lösung bringen, denn der Erfolg einer Lösung auf Teilgebieten würde durch die schädlichen Auswirkungen der nicht gelösten Fragen wieder zerstört werden.

Natürlich kann auf lange Sicht gesehen eine Neuordnung des Geldwesens in Deutschland auch nicht ohne eine grundsätzliche und endgültige Regelung des Außenwertes der neuen Geldeinheit Bestand haben. Die deutsche Wirtschaft ist insbesondere nach zwei verlorenen Kriegen in so starkem Maße auf arbeitsteilige Wirtschaftsbeziehungen mit dem Ausland angewiesen, daß alle Bemühungen einer gesunden Finanz- und Währungspolitik zur Aufrechterhaltung des inneren Wertes des neuen Geldes ihre laufende Unterstützung finden müssen in einer nur auf der Grundlage breiter Außenhandelsbeziehungen möglichen Pflege des Devisenkurses. Für die Prüfung und Entscheidung über die bei der Neuordnung des Geldwesens einzuschlagenden Wege kann indessen das Problem des Devisenkurses der neuen Mark als Sonderfrage abgespalten werden, daß erst die Schaffung einer gesunden Grundlage für den Innenwert der Mark die Voraussetzung für eine Regelung des Devisenkurses bieten kann.

2. Für die Frage der Neuordnung des Geldwesens gibt die aus der Quantitätstheorie des Geldes abgeleitete Verkehrsgleichung die Grundlage für einen Überblick über die theoretisch möglichen Methoden. Die infolge der preisgestoppten Inflation eingetretene Disproportionalität zwischen der Warenmenge und der umlaufenden Geldmenge mit ihren letztlich jede Wirtschaftsordnung zerstörenden Folgen kann durch Eingriff in alle vier Faktoren der für den Geldwert maßgebenden Verkehrsgleichung beseitigt werden. Eine Gruppierung der Vielzahl von Sanierungsvorschlägen zum deutschen Währungsproblem muß sich an die

aus der Geldtheorie resultierende Gliederung der möglichen Methoden anlehnen. Unter Verzicht auf nebensächliche Varianten war bei Ausarbeitung des vorliegenden Gesetzes grundsätzlich zwischen drei Methoden zu entscheiden:

a) Beseitigung der durch den Preisstopp verursachten Disproportionalität durch Nachziehen der Preise, mit anderen Worten die Nachholung der bisher verhinderten Preisinflation. Damit könnte ein neues Gleichgewicht zwischen Preisspiegel und Geldmenge erreicht werden, welches die Voraussetzung für den eigentlichen Sanierungsakt, nämlich für eine generelle Abwertung auf eine neue Geldeinheit darstellen würde. Dieser Weg würde zu Sanierungsmaßnahmen führen, die in gewisser Weise denen der Rentenmarkstabilisierung des Jahres 1923 ähnlich wären, wobei in Abweichung von den damals gegebenen Tatbeständen derzeit eine weitere Vergrößerung des Geldüberhangs unterbleiben könnte. Indessen würde eine dem Geldüberhang entsprechende Preissteigerung das ganze Gefüge der Löhne und Gehälter in Bewegung bringen und zu einer weiteren Schlechterstellung der Geldvermögen gegenüber den Sachvermögen führen. Die hieraus sich ergebenden sozialen Spannungen und wirtschaftlichen Gefahrenmomente brauchen nicht notwendigerweise bei der Neuordnung des Geldwesens in Kauf genommen zu werden. Aus diesen Erwägungen heraus wurde in den Erörterungen diese an sich theoretisch mögliche Methode der Sanierung aus dem Kreis der praktischen Erwägungen ausgeschlossen.
b) Die Vernichtung des Geldüberhangs kann jedoch auch ohne eine vorherige inflationistische Preisangleichung durchgeführt werden. Eine generelle Abwertung der bisherigen Rechnungseinheit Reichsmark unter Einschluß aller in dieser Rechnungseinheit ausgedrückten Forderungen und Schuldverpflichtungen erreicht die angestrebte Verringerung der umlaufenden Geldmenge und stellt ein neues Gleichgewicht zwischen Geldmenge und Gütermenge her. Da diese Methode einer allgemeinen Abwertung bei einer preisgestoppten Inflation zu einer einseitigen Belastung der Geldvermögen führt, müssen sich Pläne in dieser Richtung darum bemühen, dem sozialen Erfordernis einer Gleichbehandlung von Geldvermögen und Sachvermögen Rechnung zu tragen. Dies kann nur auf dem Wege sehr eingehender und umständlicher Vorschriften zur Absaugung der bei der Abwertung entstehenden Schuldnergewinne und über eine nachziehende Gleichbelastung aller Sachwerte geschehen.
c) Demgegenüber hat sich das vorliegende Gesetz für die dritte mögliche Methode entschieden, den Geldüberhang als solchen

unter Verzicht auf die Abwertung isoliert zu demonetisieren, d. h. dem Geldüberhang seine Geldeigenschaft endgültig und vollständig zu nehmen.

Die gesamte überschüssige Kaufkraft wird in der ersten Phase dieses Weges stillgelegt und in den nicht-monetären Sektor übertragen, um in der zweiten Phase des allgemeinen Lastenausgleichs abgesaugt und zerstört zu werden.

Die beiden Methoden der ,,Abwertung" und der ,,Demonetisierung" besitzen ihre Vorteile und Nachteile, die sorgfältig gegeneinander abzuwägen wären. Als wesentliche Vorzüge der Methode der Blockierung und Zertifizierung sind anzuerkennen:

1. Der hier aufrechtzuerhaltende Grundsatz, daß die alte Rechnungseinheit ,,Reichsmark" gleich ist der neuen Rechnungseinheit ,,Mark" (vgl. § 2), entspricht dem besonderen Tatbestand der preisgestoppten Inflation, die es möglich macht, die notwendige Operation am Geldüberhang isoliert durchzuführen.

2. Der Geldsektor wird durch die Stillegung des gesamten Geldüberhangs schlagartig bereinigt, ohne daß die demonetisierten Teile der Geldvermögen endgültig untergehen, wie dies bei einer Abwertung eintreten würde. Die Umwandlung der stillgelegten Geldvermögen in Verrechnungseinheiten, die bei den für den Lastenausgleich erhobenen Vermögensabgaben berücksichtigt werden, erfüllt die aus sozialen Gründen erhobene Forderung nach einer möglichst angenäherten Gleichbehandlung von Geldvermögen und Sachvermögen.

3. Das Entstehen von Abwertungsgewinnen und die damit verbundene Notwendigkeit, diese durch in viele Einzelheiten gehende Vorschriften abzuschöpfen, wird vermieden.

Als Nachteile sind anzuerkennen:

1. Der Verzicht auf die Abwertung führt auf dem Gebiet der privaten Schuldverhältnisse zu der Notwendigkeit einer eingehenden Sonderregelung.

2. Es bedarf eines umfangreichen Systems von Vorschriften, um die demonetisierten Geldvermögensteile auf dem Vermögenssektor in einem zweiten Akt der Verrechnung und Einziehung im Rahmen des Lastenausgleichs und der Vermögensabgabe endgültig unschädlich zu machen.

3. Die Gefahr, daß blockierte Geldvermögen, die nicht durch den Lastenausgleich abgesaugt worden sind, auf politischen Druck hin freigegeben bzw. vorzeitig freigegeben werden müssen, ohne daß die hierdurch erfolgende Vermehrung des Geldvolumes währungspolitisch gerechtfertigt wäre.

Eine eingehende Abwägung dieser Vor- und Nachteile der beiden grundsätzlich möglichen Wege zur Sanierung der deutschen Wirtschaft geben letztlich den Ausschlag zu einer Entscheidung zugunsten der Demonetisierung und für eine Ablehnung der Abwertungsmethode. Maßgebend war, daß die Auffassung, daß die währungstechnische Methode der Abwertung zwar als Sanierung nur für den Tatbestand einer offenen Inflation mit einem proportional dem Geldvolumen gesteigerten Preisniveau paßt, daß diese Methode jedoch dem Charakter der derzeitigen Währungszerrüttung in Deutschland, dem Tatbestand einer preisgestoppten Inflation, inadequat ist. Die Abwertung würde jeden Versuch eines sozial gerechten und politisch vertretbaren Ausgleichs der Kriegslasten und Kriegsfolgeschäden zum Scheitern verurteilen. Eine Währungsreform und ein damit untrennbar verbundener Lastenausgleich kann von den breiten Schichten des Volkes nur dann verstanden und die damit verbundenen schweren Opfer nur dann willig getragen werden, wenn im großen und ganzen Geldvermögen und Sachvermögen gleichmäßig und gleichzeitig zu Lasten herangezogen werden. Bei einem rein monetär erforderlichen Abwertungssatz von 70 oder 80% für alle Geldvermögen müßten theoretisch aus diesen politischen und sozialen Erwägungen heraus alle Sachwerte zu einer kurzfristigen Abgabe in gleicher Höhe herangezogen werden; eine Sachwertabgabe in dieser Höhe wäre sachlich undurchführbar. Außerdem spielt für die Beurteilung der psychologischen Imponderabilien der zeitliche Abstand zwischen der mit einem Federstrich durchgeführten Abwertung aller Geldvermögen und einer nur auf viele Jahre zu verteilenden, annähernd gleichen Belastung der Sachvermögen eine nachteilige Rolle. Gerade die breiten Schichten der arbeitenden Bevölkerung sind kleine und kleinste Geldvermögenbesitzer und haben meistens keine Sachwerte. Sie werden bei einer Währungsreform nach der Abwertungsmethode stets unter dem Eindruck stehen, daß man gerade sie als die wirtschaftlich Schwächsten sofort mit der ganzen Schwere des Opfers belastet hat, während der Sachwertbesitzer sein Opfer auf lange Jahre verteilen und sich womöglich dann doch noch späterhin in irgendeiner Weise davon befreien kann.

Bei der Gegenüberstellung der beiden möglichen Sanierungsmethoden, der Demonetisierung und der Abwertung, möge bei der Beurteilung der mit diesem Plan getroffenen Entscheidung berücksichtigt werden, daß die wesentlichen Unterschiede lediglich in den vorgeschlagenen Wegen und in den technischen Einzelmaßnahmen liegen, während die Zielsetzung das materielle Endergebnis in bezug auf die Startbedingungen der neuen Währung weitgehend übereinstimmen. Der Nachweis für diese Aussage wird sich aus der Darstellung der Einzelheiten dieses Gesetzes zur Neuordnung des Geldwesens ergeben.

II. Die Regelung im monetären Sektor

a) Die Verminderung des Geldumlaufs

(Passivseite der geldwirtschaftlichen Bilanz)

1. Der Grundsatz

Für das Problem der Beseitigung des Geldüberhangs steht die Entscheidung über die Quote des den bisherigen Besitzern von Noten- und Buchgeld zu belassenden Betrages in neuem Geld im Vordergrund. Es ist angesichts der Destruktion der deutschen Wirtschaft und ihrer Produktionsfaktoren und im Hinblick auf die Unsicherheit über das Ausmaß der bestehenden Warenhortungen nicht möglich, aus den statistischen Daten der Volkswirtschaft mit hinreichender Sicherheit zu ermitteln, welcher Bruchteil der heute vorhandenen Geldmenge, umgetauscht in die neue Geldeinheit, der deutschen Wirtschaft als Zirkulationsmittel belassen werden kann, ohne daß diese Geldmenge inflationistische oder deflationistische Tendenzen auslöst. Das vorliegende Gesetz hat sich für eine strenge Lösung dieser Frage entschieden: 5% des bisherigen Geldbesitzes sollen in frei verfügbares Neugeld umgewandelt werden; die restlichen 95% werden stillgelegt und zum größten Teil endgültig, zu einem kleineren Teil mit der Möglichkeit der späteren Remonetisierung, sofort ihres Geldcharakters entkleidet. Für diese strenge Entscheidung war die Überzeugung ausschlaggebend, daß das Gelingen der Währungsreform entscheidend davon abhängig ist, daß dem neuen Geld Vertrauen entgegengebracht wird. Dieser Vertrauensunterbau ist nur dann möglich, wenn jeder Besitzer von Neugeld unmittelbar nach der Währungsreform die alltägliche Erfahrung macht, daß die neue Mark ihre Eigenschaft als Zirkulationsmittel zurückgewonnen hat, d. h., daß der gesamten Neugeldmenge eine ausreichende Warenmenge gegenübersteht. Da der Umfang des Sozialprodukts zunächst noch gering ist und die Schätzungen über Hortungslager an Konsumgütern fragwürdig sind, ist hinsichtlich der neu zu schaffenden Kaufkraft größte Bescheidung am Platze. Je kleiner die Neugeldquote bemessen wird, desto größer ist die Wahrscheinlichkeit, daß die Neugeldbesitzer als Käufer von Waren die Erfahrung machen, daß ihr, wenn auch geringes Geldvermögen wieder uneingeschränkte Kaufkraft besitzt. Hiermit wird die unerläßliche Vertrauensgrundlage geschaffen, die allein gewährleisten wird, daß die freigegebene Geldquote weder zu restlos konsumtiver Verwendung anreizt oder womöglich sogar erneut Sicherheit in Investitionsgütern sucht, sondern wenigstens zum Teil neu gespart wird. Andererseits ist einer strengen Lösung hinsichtlich der Bemessung der Neugeldquote eine untere Grenze gesetzt, da sowohl die Bevölkerung als auch die gewerbliche Wirtschaft mit einem Minimum an Barmitteln aus eigenem Besitz ausgestattet werden muß, wenn man nicht jede soziale Gerechtigkeit außer acht lassen und schwerste wirtschaftliche Stockungen gerade in der ersten Zeit nach der Währungsreform heraufbeschwören will. Stellt sich nach der Währungsreform die Beurteilung der wirtschaftlichen Entwicklung, die zu der strengen Entscheidung einer 5%igen Quote führte, als zu pessimistisch heraus, so ist eine Korrektur durch völlige oder teilweise Freigabe des zunächst nur blockierten, aber noch nicht endgültig demonetisierten Teils der stillgelegten 95% der Altgeldguthaben oder durch entsprechend großzügige Kreditpolitik ohne größere Störungen des wirtschaftlichen Gesundungsprozesses möglich. Würde dagegen beim Sanierungsakt die zur freien Verfügung belassene Geldmenge zu hoch dosiert sein, so würde daraus eine latente und jederzeit akut werdende Gefahr für die neue Währung entstehen, denn eine angesichts dieses Tatbestandes an sich theoretisch notwendige Deflationspolitik wäre wegen der daraus resultierenden wirtschaftlichen Krise mit ihren sozialen Spannungen politisch unmöglich durchzuführen.

2. Umwandlung von Altgeld in Neugeld

Am Währungsstichtag verliert die Reichsmark grundsätzlich die Eigenschaft eines gesetzlichen Zahlungsmittels (§ 1 Abs. 1, § 5 Abs. 1). Im vorliegenden Gesetz ist dieser Stichtag als „Tag 2" bezeichnet. Die umlaufenden Altgeldbestände unterliegen der Ablieferungspflicht an die Kreditinstitute. Hierfür ist eine Frist von zehn Tagen vorgesehen (§ 5 Abs. 2). Es wird damit erreicht, daß sich der gesamte Geldumlauf in Reichsmark auf Altgeldkonten der Kreditinstitute niederschlägt. Die Versorgung der Volkswirtschaft mit Neugeld erfolgt in zweifacher Weise:

a) durch den sog. Kopfbetrag, wobei Zug um Zug bei den durch das Gesetz bzw. durch eine Ausführungsverordnung bestimmten Umtauschstellen gegen Einlieferung von Altgeld Neugeldnoten im Verhältnis 1 : 1 bis zur Höhe von 50 Mark pro Person als Erstversorgung ausgegeben werden (§ 4),

b) durch Umwandlung von 5% aller Kunden-Altgeldguthaben bei den Kreditinstituten in frei verfügbare Neugeldguthaben.

Um dem Bankenapparat einen ausreichenden Spielraum für die Bewältigung der im Rahmen der Währungsumstellung anfallenden Sonderarbeiten zu geben, sieht das Gesetz vor, daß die Altgeldkonten innerhalb der Frist eines Monats nach dem Währungsstichtag in jedem Falle allerdings schon dann, wenn der Inhaber eines Kontos zu Lasten des Altgeldkontos Neugeldbeträge abheben oder überweisen will, aufgelöst bzw. umgewandelt werden. Hierbei werden zu Lasten des Altgeldkontos umgewandelt:

a) 5% der Altgeldguthabens in Freikonto,

b) 15% des Altgeldguthabens in Festkonto,

c) 80% des Altgeldguthabens in Reichsmark-Liquidationsanteile (§ 6 Abs. 1).

Aus buchungstechnischen Gründen müßte für die Guthaben bei Postscheckämtern eine Sonderregelung vorgesehen werden (§ 6 Abs. 3). Eine Sonderbehandlung sollen ferner solche Altgeldguthaben erfahren, die nicht mehr als 500 Reichsmark betragen. Hierfür waren soziale Gesichtspunkte maßgebend; außerdem führt die Sonderbehandlung der kleinen Altgeldguthaben zu einer außerordentlichen Arbeitserleichterung für die Kreditinstitute (§ 6 Abs. 4). Wegen der Einzelheiten der Sonderregelung für die Postscheckkonten und der Sonderregelung für die kleinen Altgeldguthaben wird auf Anlage 1 verwiesen. Die bestehenden Altgeldguthaben des Reiches und der NSDAP. sowie ihrer Gliederungen und angeschlossenen Verbände sind von der Umwandlung ausgeschlossen; sie erlöschen vollständig (§ 6 Abs. 5).

3. Der Kopfbetrag

Da die Reichsmark mit Ablauf des Währungsstichtags ihre Eigenschaft als gesetzliches Zahlungsmittel verlieren soll, ist die möglichst schnelle Versorgung der Volkswirtschaft mit Neugeldmitteln eine der wichtigsten Voraussetzungen für eine reibungslose Umstellung des Wirtschaftsablaufs auf die neue Währung. Die Modalitäten der Auszahlung des Kopfbetrages sind so gestaltet, daß der Umtausch von eingeliefertem Altgeld in Münzen oder Noten bereits am Tage vor dem eigentlichen Währungsstichtage durchgeführt werden kann. Der Höchstbetrag der Kopfquote ist mit 50 Mark pro Person verhältnismäßig hoch gewählt worden. Im Hinblick darauf, daß die freie Quote für die Umwandlung von Altgeld in Neugeld mit 5% aus allgemeinen Überlegungen streng und zurückhaltend dosiert wird, kann hinsichtlich des Kopfbetrages diese großzügigere Behandlung verantwortet werden. Sie ist insbesondere auch deshalb gerechtfertigt, weil sie zum technischen Gelingen der Währungsumstellung erheblich beitragen wird. Der im Verhältnis 1 : 1 für den Kopfbetrag vorgesehene Umtausch vollzieht sich nach Maßgabe des Nennwertes des eingelieferten Altgeldes in Münzen oder Noten oder ersatzweise vorhandener Altgeldguthaben, wobei der Betrag von 50 Mark die Höchstgrenze darstellt. Die gesetzestechnischen Sicherungen dafür, daß nur Personen, die im Vereinigten Wirtschaftgebiet ansässig sind, diesen Kopfbetrag erhalten und daß keine Doppelerhebungen stattfinden, sind in einer Durchführungsverodnung niedergelegt.

4. Das Freikonto (§ 7)

Neben der Erstversorgung der Wirtschaft mit neuen Zahlungsmitteln durch Gewährung des Kopfbetrages werden innerhalb des ersten Monats nach dem Währungsstichtag 5% aller Altgeldguthaben in ein auf Neugeld lautendes Freikonto umgewandelt und damit der Volkswirtschaft als Geldmenge zur freien Abhebung und Disposition gegeben.

Die Summe der Kopfbeträge zuzüglich 5% dieser Altgeldguthaben repräsentiert jene Größenordnung der Geldmenge, die angesichts des zu erwartenden Sozialprodukts und im Hinblick auf einen reibungslosen Ablauf des Wirtschaftslebens für notwendig und vertretbar angesehen werden kann. Dabei wird von der Überzeugung ausgegangen, daß die einzelnen Glieder der Volkswirtschaft in ihrer Eigenschaft als Konsumenten mit den Neugeldbeträgen, die ihnen aus drei Quellen:

a) 50 Mark Kopfbetrag,
b) 5% auf Freikonto,
c) Beträge aus Arbeitsleistung usw.

zur Verfügung stehen und daß diesem neuen Geldvolumen eine ausreichende Gütermenge gegenübersteht, so daß sie nicht alle verfügbaren Beträge unmittelbar laufend dem Konsum zuzuführen geneigt sein werden. Andererseits ist für den Sektor der gewerblichen Wirtschaft die 5%ige Freiquote auf die Altgeldguthaben nicht ausreichend, um den legitimen Betriebsmittelbedarf für ein störungsfreies Weiterlaufen der Produktion, des Absatzes und der Lohnzahlungen zu gewährleisten. Die sehr niedrig bemessene Freiquote wird daher auf dem Sektor der gewerblichen Wirtschaft einen starken Druck zur Auflösung bestehender Warenläger ausüben. Die Freiquote in der im Gesetz festgelegten Höhe ist daher sowohl im Hinblick auf das Verhalten der Konsumenten als auch im Hinblick auf die zu erwartenden Dispositionen im Sektor der gewerblichen Wirtschaft der wichtigste Ansatzpunkt und eine gesunde Grundlage für ein Vertrauen in die neue Währung als unerläßliche Voraussetzung für die Währungssanierung überhaupt.

Durch entsprechende Einschränkungen des an sich grundsätzlich freien Verfügungsrechtes über das Freikonto erreicht das Gesetz eine Kontrolle über jene überdurchschnittlich großen Altgeldguthaben und die daraus resultierenden Guthaben auf Freikonto, bei denen zumindest der Verdacht besteht, daß sie aus Einzahlung von Reichsmarkbeträgen stammen, die aus den Erlösen von Schwarzmarktgeschäften herrühren (§ 7 Abs. 2 und 3).

Durch das Verbot der Einzahlung der Altgeldnoten und Altgeldmünzen auf mehrere Konten (§ 5 Abs. 2), dessen Beachtung durch besondere Sicherungsmaßnahmen (Art. III der 1. Durchführungsverordnung) gewährleistet ist, wird eine Umgehung dieser Verfügungsbeschränkungen verhindert. Sogleich wird durch den Gesamtkomplex der vorstehend erwähnten Vorschriften eine noch durch Art. III, Ziffer 3 und 4 verstärkte Abschreckungswirkung erzielt, die erwarten läßt, daß zahlreiche Schwarzhändler von vornherein auf die Einlieferung ihrer Altgeldbestände und damit auf jeden Anspruch verzichten werden. Die von ihnen angesammelten großen Altgeldbestände werden damit für sie wertloses Papier.

5. Das Festkonto (§ 8)

Die für eine Entscheidung über die Höhe der angemessenen Geldmenge notwendigen volkswirtschaftlichen Daten lassen sich nicht exakt bestimmen. Aus diesem Grunde ist die von dem vorliegenden Gesetz vorgeschlagene Freiquote von 5% nicht das Ergebnis einer Errechnung, sondern eine mit großer Vorsicht und Zurückhaltung vorgenommene Schätzung, die erst durch die zukünftige Entwicklung nach der Währungsreform ihre Rechtfertigung erfahren kann. Die Unsicherheit über die zukünftige Entwicklung der Produktion und damit des Umfanges des Sozialproduktes, die für die Entscheidung ausschlaggebend war, die Freiquote verhältnismäßig gering zu bemessen, legt andererseits nahe, für die zukünftigen währungspolitischen Entscheidungen ein Korrektivmittel zu schaffen. Dabei ist von der Überzeugung ausgegangen worden, daß die nachträgliche Korrektur einer zu hoch bemessenen Freiquote und damit Neugeldmenge zu schweren volkswirtschaftlichen Erschütterungen führen kann (Deflation), während eine zu niedrig gehaltene Freiquote verhältnismäßig leicht korrigiert werden kann.

Das Gesetz sieht zu diesem Zweck vor, daß 15% der Altgeldguthaben in Festkonten umgewandelt werden. Diese Festkonten stellen für die mit der Geld- und Kreditpolitik nach der Währungsreform betrauten Instanzen ein Korrektivmittel für die möglicherweise zu niedrig bemessene Freiquote, d. h. Geldmenge, dar. Es wird hierdurch der Nachteil vermieden, daß die nachträgliche Korrektur einer währungspolitisch und volkswirtschaftlich falschen Schätzung über die angemessene Geldmenge zu einer übermäßigen Verschuldung der Volkswirtschaft im Kreditwege führt.

Der Gesetzesvorschlag sieht die Freigabe der Festkonten spätestens für das Jahr 1952 vor mit der wesentlichen Einschränkung, daß ihre Rückwandlung in Freikonten, d. h. ihre Remonetisierung, von der währungspolitischen Situation abhängig gemacht wird. Die Bank deutscher Länder als Hüterin der Währung wird darüber zu entscheiden haben, ob die Rückwandlung der Festkonten in Freikonten ganz oder teilweise möglich ist. Läßt die Währungssituation dieses 1952 nicht zu, so werden die Festkonten in Kapitaltitel umgewandelt und scheiden damit endgültig aus dem monetären Sektor aus (§ 8 Abs. 4).

Außerdem sollen die mit der Währungspolitik betrauten Instanzen die Möglichkeit haben, auch schon vor dem Jahre 1952 bestimmte Teilbeträge der Festkonten als Korrektiv für eine bei der Währungsumstellung zu niedrig bemessene Geldmenge in Freikonten umzuwandeln und damit zu remonetisieren (§ 8 Abs. 5).

Die Belastung der laufenden Haushalte durch die Verzinsung der Beträge von Festkonten und durch die möglicherweise ab 1952 eintretende Verzinsung und Tilgung der in Umwandlung der Festkonten zu begebenden Ablösungsanleihe kann angesichts der besonderen Vorzüge der geschilderten Konstruktion eines notwendigen Korrektivs für die geschätzte Geldmenge im Zeitpunkt der Währungsumstellung durchaus verantwortet werden.

Das Verfügungsverbot für die Guthaben auf dem Festkonto unterliegt einer kreditpolitisch überaus bedeutsamen Ausnahme. Die gewerbliche Wirtschaft wird infolge der gering bemessenen Freiquote auf Kredite angewiesen sein. Vom Standpunkt einer gesunden und vorsichtigen Währungs- und Kreditpolitik ist die Versorgung mit kurz- und mittelfristigen Betriebsmitteln durch Handelswechsel anzustreben. Infolge der Geldüberfülle der letzten fünfzehn Jahre ist die gewerbliche Wirtschaft dem Instrument des Wechsels jedoch weitgehend entwöhnt. Im Zusammenhang damit haben auch die Kreditinstitute ihre Erfahrungen im Wechselkreditgeschäft eingebüßt. Um den Kreditinstituten die Wiederaufnahme dieses Geschäfts und die Erfüllung ihrer Kreditversorgungsaufgaben, insbesondere für den Anfang, zu erleichtern, sieht der Gesetzentwurf vor, daß ein Kreditinstitut bei Ausfall einer Wechselforderung gegen das bei ihm unterhaltene Festkonto des Kreditnehmers aufrechnen kann. Diese Aufrechnung ist von der Zustimmung der zuständigen Landeszentralbank abhängig, die diese in der Regel stets dann erteilen wird, wenn der Kredit für volkswirtschaftlich erwünschte Zwecke gegeben worden war. Damit wird sowohl den Unternehmungen die Kreditnachfrage erleichtert, als auch andererseits den Kreditinstituten eine zusätzliche Sicherheit gegeben. Dies ist erforderlich, da die Kreditrisiken mangels eingehender Übersicht über die wirtschaftliche Entwicklung und mangels einschlägiger Erfahrungen auf diesem Gebiet in der ersten Zeit nach der Währungsumstellung unverhältnismäßig groß sein würden.

Wegen der Einzelheiten dieser nur als kurzfristige Übergangsmaßnahme vorgesehenen Regelung wird auf den Abschnitt über die Kreditversorgung für die Übergangszeit (unten zu V) und auf Anlage 2 verwiesen.

6. Die Reichsmark-Liquidationsanteile (§ 9)

Die endgültige Demonetisierung von 80% des Altgeldes wird nach den Vorschlägen des vorliegenden Gesetzentwurfs durch Umwandlung in sog. Reichsmark-Liquidationsanteile erreicht. Es handelt sich nur in gewisser Hinsicht um eine Zertifizierung, denn die absichtlich auf „Reichsmark" und nicht auf die neue Währungseinheit „Mark" gestellten Liquidationsanteile beinhalten keinen Anspruch auf Zahlung ihres Nennbetrages, sondern sind lediglich Verrechnungseinheiten für den Lastenausgleich auf dem nicht-monetären Sektor. Dementsprechend sieht das Gesetz vor, daß die Umwandlung von Altgeldguthaben in Reichsmark-Liquidationsanteile und deren Buchung zugunsten des bisherigen Kontoinhabers für das kontoführende Kreditinstitut keine eigene Verbindlichkeit mehr begründet. Der außerordentliche Vorzug dieser Konstruktion gegenüber einer Abwertung oder sofortigen Streichung ist darin zu sehen, daß die Größenordnung der „zertifizierten" 80% der Altgeldguthaben trotz einer endgültigen Stillegung im Geldsektor erhalten bleibt und bei dem Lastenausgleich, der Geldvermögen und Sachvermögen gleichmäßig zu belasten sucht, weitgehend berücksichtigt und verrechnet werden kann. Der besondere Charakter dieser Reichsmark-Liquidationsanteile aus dem monetären Sektor als reine Verrechnungseinheiten wird durch die im vorliegenden Gesetz vorgesehene Regelung nachdrücklich unterstrichen, daß 75% des Nennbetrages solcher Liquidationsanteile, das sind 60% des ursprünglichen Altgeldguthabens, vorweg als sog. Quellenabgabe erhoben werden. Diese Quellenabgabe wird im Rahmen des später durchgeführten Lastenausgleichs nach noch zu schildernden Richtlinien auf die Vermögensabgaben angerechnet.

Die Erhebung der Quellenabgabe soll drei Monate nach dem Währungsstichtag erfolgen (§ 29 Abs. 2), um in der Zwischenzeit der inneren Schuldentflechtung zwischen den Inhabern von Altgeldguthaben und ihren Gläubigern sowie auch gegebenenfalls deren Gläubigern usw. Raum zu lassen (vgl. den Abschnitt IV über die Abwicklung der kurzfristig fällig werdenden alten Verbindlichkeiten).

Hinsichtlich der Einzelheiten über die Konstruktion der Reichsmark-Liquidationsanteile wird auf die ausführliche Darstellung im Rahmen des Lastenausgleichs verwiesen (zu VI).

b) Der Ausgleich bei den Kreditinstituten

(Passivseite der geldwirtschaftlichen Bilanz)

Die vorstehend geschilderten Grundzüge zur Verminderung des Geldüberhangs bedeuten eine wesentliche Umgestaltung der Passivseite der im Hintergrund gedanklich vorzustellenden Geldbilanz der gesamten Volkswirtschaft. In entsprechender Weise sind die Grundzüge für eine Bereinigung und Umgestaltung der Aktivseite dieser Bilanz, d. h. der Gesamtsumme der den Noten, Münzen und Bankguthaben gegenüberstehenden Aktiven der Kreditinstitute, ausgearbeitet worden.

1. Übertragung von Aktiven auf die Westdeutsche Ausgleichskasse (§ 10)

Nach Ablauf einer banktechnisch unerläßlich notwendigen Abwicklungsfrist von drei Monaten nach dem Währungsstichtag werden die Kreditinstitute einschließlich der Landeszentralbanken verpflichtet, als Ausgleich für die bilanzmäßige Entlastung auf der Passivseite, die sie durch Umwandlung von 80% der Kundeneinlagen in Reichsmark-Liquidationsanteile erfahren haben, Aktivwerte an die Westdeutsche Ausgleichskasse zu übertragen. Der im Gesetz vorgesehene Katalog der für eine Übertragung auf die Westdeutsche Ausgleichskasse in Betracht kommenden Aktivposten hat klassifikatorische Bedeutung. Die Kreditinstitute werden dadurch in die Lage versetzt, ihre Bilanzen von allen jenen Aktiven zu bereinigen, die in ihrer Bonität und Liquidität zweifelhaft geworden sind. Bei den in Frage kommenden Aktivwerten handelt es sich insbesondere um unmittelbare und mittelbare Forderungen und Entschädigungsansprüche gegen das Reich, Guthaben bei der früheren Reichsbank und ähnliche Werte (Katalog in § 10 Abs. 1).

Die Kreditinstitute haben innerhalb des Gesamtrahmens der für die Übertragung an die Westdeutsche Ausgleichskasse vorgesehenen Aktiven keine Auswahlmöglichkeit, sondern sind an die gesetzlich festgelegte Reihenfolge des Katalogs gebunden. Für den Fall, daß die den Kreditinstituten zur Verfügung stehenden Aktiven der in § 10 Abs. 1 bezeichneten Art zur Abdeckung der von der Westdeutschen Ausgleichskasse zugewiesenen Reichsmark-Liquidationsanteile in Höhe von 80% der Kundeneinlagen nicht ausreichen, steht den Kreditinstituten die Möglichkeit offen, Altgeldguthaben, die sie bei anderen Kreditinstituten oder Landeszentralbanken unterhalten, zur Beschaffung solcher Aktiven zu verwenden (§ 10 Abs. 2). Die Schuldner-Kreditinstitute (z. B. Girozentralen) sind verpflichtet, Aufträge der Gläubiger-Kreditinstitute (z. B. Sparkassen) auf Überlassung oder Beschaffung solcher Aktiven auszuführen. Sollten in Einzelfällen auch diese Altgeld-Nostroguthaben zur Auffüllung nicht ausreichen, so kann die Westdeutsche Ausgleichskasse auch andere als die in dem Katalog des § 10 Abs. 1 aufgeführten Aktivwerte übernehmen.

2. Umwandlung der Altgeldguthaben und Anlagevorschriften für die Neugeldguthaben der Kreditinstitute (§§ 11, 12)

Die Altgeldguthaben bei anderen Kreditinstituten einschließlich der Landeszentralbanken, die den Banken nach Abschluß der Übertragung von Aktiven auf die Ausgleichskasse (s. oben zu 1) verbleiben, werden im Verhältnis 1:1 in Neugeld umgewandelt.

Dieser Block liquider Neugeldmittel stellt bilanzmäßig den Gegenwert dar für die Kundeneinlagen auf Freikonten und Festkonten, die aus der Auflösung und Umwandlung von Altgeldguthaben herrühren. Es wird dadurch erreicht, daß sämtliche Einlagen auf Freikonten und Festkonten in banküblicher Weise durch Mark-Guthaben bei den Landeszentralbanken und anderen Kreditinstituten oder durch vollwertige Debitoren bilanzmäßig vollständig gedeckt sind.

Die Kundeneinlagen auf Festkonten sind nach dem vorliegenden Gesetz, wie bereits an anderer Stelle dargelegt wurde, bis zum Jahre 1952 grundsätzlich blockiert, wobei frühere Teilfreigaben an gewisse Bedingungen geknüpft sind. Da indessen diesen Festkonten in den Bilanzen der Kreditinstitute nach der durchgeführten Bereinigung zu einem erheblichen Teil täglich fällige Guthaben auf Girokonten bei den Landeszentralbanken gegenüberstehen, erheischen die mit der Konstruktion der Festkonten verbundenen währungspolitischen Gesichtspunkte eine der nur bedingten Liquidität der Festkonten entsprechende Beschränkung der Banken in der Verwendung dieser fremden Mittel. Der Gesetzentwurf sieht daher vor, daß die Bank deutscher Länder besondere Anlage- und Liquiditätsvorschriften für die Einlagen auf Festkonten erläßt (§ 12), wobei daran gedacht ist, den Banken die Anlage eines erheblichen Teiles ihrer Guthaben bei den Landeszentralbanken in einer vom Vereinigten Wirtschaftsgebiet zu emittierenden „Stabilisierungsanleihe" zur Pflicht zu machen (vgl. unten zu 4).

Auf diese Weise wird der Bank deutscher Länder neben der Möglichkeit der Festsetzung von Mindestreservesätzen für die Guthaben auf Freikonto ein zusätzliches kreditpolitisches Lenkungsmittel an Hand gegeben, das eine außerordentlich differenzierte und elastische Abstufung der kreditpolitischen Einwirkungsmöglichkeiten zuläßt. Während nämlich die im Verhältnis zur Gesamtheit der fremden Mittel festgesetzten Mindestguthaben im allgemeinen nur eine relative Begrenzung des Spielraumes für die eigene Geldschöpfung der Kreditinstitute darstellen, hat der Zwang zur Anlegung eines bestimmten

Teiles der auf Festkonto stehenden fremden Mittel eine sofortige betragsmäßige Verringerung der Eigen-Liquidität der Banken zur Folge, die ohne eine solche Maßnahme angesichts der Größe der auf Festkonto festgeschriebenen und daher vor plötzlichem Abzug gesicherten fremden Mittel der Banken unerwünscht hoch wäre. Umgekehrt kann die Bank deutscher Länder, wenn sich die Notwendigkeit einer erhöhten Liquidität der Wirtschaft ergeben sollte, wenn aber die Freigabe der Festkonten wegen noch fortbestehender Labilität der Währung und des Vertrauens zu ihr inopportun erscheint, die Eigen-Liquidität der Banken durch Auflockerung der Anlagevorschriften schlagartig verbessern, wobei eine genaue Fixierung des Betrages möglich ist, um den die Banken ihre Ausleihung erhöhen können, ohne daß auch bei restloser Abhebung der den Kreditnehmern zusätzlich zur Verfügung gestellten Beträge eine Inanspruchnahme von Notenbankkrediten erforderlich wird.

Die Möglichkeit einer kreditpolitischen Nutzbarmachung der Festkonten tritt an dieser Stelle mit besonderer Deutlichkeit hervor. Sie erlaubt es auch, den Banken neben der bonitätsmäßigen Sicherung, die ihnen zur Befugnis zur Aufrechnung gegen die Guthaben auf Festkonto gegeben wird (s. oben zu II, a, 5), jenen liquiditätsmäßigen Rückhalt zu gewähren, dessen sie gerade in der Anfangszeit bei der Versorgung der Wirtschaft mit den durch die Währungsumstellung notwendig werdenden umfangreichen Überbrückungskrediten bedürfen. Wegen der Einzelheiten dieser Übergangsregelung und ihres Zusammenhanges mit den Anlagevorschriften für die Einlagen auf Festkonten wird auch an dieser Stelle auf den in Anlage 2 beigefügten Entwurf einer Anweisung der Landeszentralbanken an die Kreditinstitute verwiesen.

3. Der Bankenausgleich (§ 13)

Es wird Kreditinstitute geben, bei denen die Aktivposten zweifelhafter oder zerstörter Bonität und Liquidität nach Maßgabe des Katalogs in § 10 Abs. 1 des Gesetzes durch die gesetzliche Pflicht zur Übertragung derartiger Aktivwerte in Höhe von 80% der Altgeldkundeneinlagen nicht vollständig abgesaugt werden. Um solchen Kreditinstituten die Möglichkeit einer vollständigen und erschöpfenden Bereinigung ihrer Bilanz zu bieten, verpflichtet das Gesetz die Landeszentralbanken, auf Verlangen eines Kreditinstitutes die diesen restlich verbliebenen Aktiven der in § 10 Abs. 1 bezeichneten Kategorien zum vollen Nennwert gegen Gutschrift auf Neugeldgirokonto zu übernehmen.

An dieser Stelle zeigt sich besonders deutlich der Sinn der in § 10 Abs. 1 vorgeschriebenen Reihenfolge für die Übertragung der dort aufgeführten Vermögenswerte in die Westdeutsche Ausgleichskasse. Nach Durchführung dieser Aktion werden nämlich den Kreditinstituten zur Abgabe an die Landeszentralbanken höchstens noch Aktivwerte der in § 10 Abs. 1 Ziffer 7 u. 8 bezeichneten Art verbleiben. Die Bewertung und Verwaltung derartiger Vermögenswerte wird für die Landeszentralbanken sowie für die Bank deutscher Länder, oder für die Verwaltung der Finanzen, an die diese eventuell von den Landeszentralbanken aus weitergelangen, weniger Arbeit und Schwierigkeiten verursachen, wie dies bei den übrigen in Betracht kommenden Aktivposten der Fall ist. Für die Verwaltung dieser anderen Vermögenswerte ist die Westdeutsche Ausgleichskasse als hierfür eingerichtetes Spezialorgan zweifellos besser geeignet, abgesehen davon, daß sich aus derartigen Aktiven unter Umständen noch Mittel für die bei ihr zugunsten der Reichsgläubiger gebildeten Teilungsmasse ergeben könnten. Die aus technischen Gründen bedingte Sonderregelung für die Auflösung der Altgeldguthaben bei Postscheckämtern im Zuge der Verminderung des Geldumlaufs erfordert im Rahmen des Bankenausgleichs, daß die von den Postscheckämtern bei den Landeszentralbanken unterhaltenen Girokonten in der Größenordnung so ausgestattet werden, daß die als „gesperrtes Altgeld" abgesonderten Einlagen der Postscheckkonten auf die Kreditinstitute überwiesen werden können. Wegen der Einzelheiten dieser Sonderregelung wird auf Anlage 1 verwiesen.

Das Gesetz sieht vor, daß die Kreditinstitute die in ihrem Besitz befindlichen Altgeldnoten und Altgeldmünzen innerhalb eines Monats nach dem Währungsstichtag bei der für sie zuständigen Landeszentralbank gegen Gutschrift auf Girokonto einzahlen können (§ 5 Abs. 5). Die Landeszentralbanken werden somit zum Sammelbecken aller abgelieferten Altgeld-Zahlungsmittel. Die gesamten Bestände der Landeszentralbanken an Altgeldnoten und Altgeldmünzen werden von der Bank deutscher Länder gegen Gutschrift auf Neugeld-Girokonto übernommen. In gleicher Weise soll die Bank deutscher Länder ebenfalls gegen Gutschrift des Gegenwerts auf Neugeld-Girokonto alle Aktiven der Landeszentralbanken, die dem in § 10 Abs. 1 festgelegten Katalog zuzurechnen sind, übernehmen, soweit diese Aktiven von den Landeszentralbanken nicht zur Erfüllung ihrer Verpflichtungen aus § 10 des Gesetzes gegenüber der Westdeutschen Ausgleichskasse benötigt werden (§ 14 Abs. 3). Hiermit ist auch für die Landeszentralbanken eine vollständige Bilanzbereinigung durchgeführt.

4. Die Stabilisierungsanleihe (§ 14)

Das Gesetz sieht vor, daß die Bank deutscher Länder die von den Landeszentralbanken gemäß § 13 Abs. 3 hereingenommenen Altgeld-

Zahlungsmittel und Vermögenswerte an die Verwaltung für Finanzen des Vereinigten Wirtschaftsgebietes abliefert bzw. überträgt. Die Verwaltung für Finanzen wird gesetzlich ermächtigt, zum Ausgleich dafür eine sog. Stabilisierungsanleihe zu begeben. Die Anleiheschuld entsteht gegenüber der Bank deutscher Länder Zug um Zug gegen die vorstehend erwähnte Übertragungsakte und stellt somit die bilanzmäßige Deckung der aus der Liquidierung der Reichsmark herrührenden Anfangsverbindlichkeiten der Bank deutscher Länder in Neugeld dar (§ 14 Abs. 1).

Zum Erwerb der als stückeloses Wertrecht geschaffenen Stabilisierungsanleihe sind nur Kreditinstitute zugelassen. Diese werden im Rahmen der früher erwähnten Anlage- und Liquiditätsvorschriften (s. § 12) verpflichtet, einen erheblichen Teil der Stabilisierungsanleihe über die zuständige Landeszentralbank zu erwerben (§ 14 Abs. 2).

Der bei der Bank deutscher Länder und bei den Landeszentralbanken verbleibende Teil der Stabilisierungsanleihe soll mit 1,5% verzinst werden. Für den Fall, daß die Zinsen für die Einlagen auf Festkonten bei den Kreditinstituten über den für den Anfang vorgeschriebenen Satz von 1% hinaus erhöht werden, ist dementsprechend für denjenigen Teil der Stabilisierungsanleihe, der sich als Pflichtdeckung für die Festkonten bei den Kreditinstituten befindet, eine entsprechende Erhöhung bis maximal 3,5% vorgesehen (§ 8 Abs. 6 in Verbindung mit § 14 Abs. 3).

Bei der Ausarbeitung der Maßnahmen zur Bereinigung der Bilanzen der Kreditinstitute von allen Belastungen und Dubiosen aus der mit der preisgestoppten Inflation einhergehenden Rüstungs- und Kriegsfinanzierung war die volkswirtschaftliche Erkenntnis maßgebend, daß ohne eine bankmäßig einwandfreie Deckung der Neugeldkonten das Gelingen der Währungssanierung unmöglich ist und es für eine erfolgreiche Politik zur Sicherung und Gesunderhaltung der neuen Währung eines leistungsfähigen Bankenapparates bedarf. Diese gewichtigen volkswirtschaftlichen Gesichtspunkte dürften ausreichend rechtfertigen, daß die Kreditinstitute hinsichtlich der Modalitäten für die Umwandlung ihrer Altgeldguthaben in Neugeld und hinsichtlich der Entlastung von Aktiven mit zweifelhafter oder zerstörter Bonität und Liquidität eine erheblich bevorzugte Behandlung erfahren. Im Hinblick darauf, daß diese Vorzugsbehandlung der Kreditinstitute nur in Ansehung ihrer volkswirtschaftlichen Funktion zu rechtfertigen ist, sieht das Gesetz vor, daß vermögensrechtliche Sonderteile, die sich hieraus etwa ergeben sollten, über die aus dem Lastenausgleich resultierenden Vermögensbelastungen hinaus erfaßt und ausgeglichen werden sollen (§ 13 Abs. 1 Satz 2).

Die zahlenmäßigen Auswirkungen der vom Gesetz zur Neuordnung des Geldwesens vorgesehenen Maßnahmen zur Verminderung des Geldumlaufs und der damit in Zusammenhang stehenden Sanierung und Bereinigung der Bilanzen der Kreditinstitute sind in der Anlage 3 an Hand überschlägiger Schätzungen für die Bilanzziffern der Kreditinstitute in den drei Westzonen festgehalten und erläutert worden.

III. Die Reichsschuld und die Regelung der Flüchtlingsschäden usw. (§ 24)

Die Schulden des Reiches werden nicht honoriert. Vielmehr werden die Anspruchsberechtigten wegen ihrer Forderungen gegen das Reich auf eine Art Konkursverfahren verwiesen, in dem es wie bei jedem Konkurs bevorrechtigte und nichtbevorrechtigte Gläubiger gibt. Die Gläubiger des Reiches erhalten also nur eine Quote an der Konkursmasse, wobei an dieser Stelle unberührt bleiben kann, woraus sich diese Masse zusammensetzt (vgl. den Abschnitt über den Lastenausgleich).

Grundsätzlich werden daher die Gläubiger des Reiches mit Reichsmark-Liquidationsanteilen abgefunden, für die das gleiche gilt wie für diejenigen Reichsmark-Liquidationsanteile, die den Altgeldbesitzern als „mittelbaren" Reichsgläubigern in Höhe von 80% ihrer Altgeldbestände gewährt werden. Um jedoch nach Möglichkeit den Vorteil auszugleichen, den die Geldbesitzer gegenüber den Reichsgläubigern insofern genießen, als ihnen 20% ihrer Altgeldbestände in Form von Freikonto und Festkonto als Neugeld erhalten bleiben, sollen die Reichsgläubiger für 70% der ihnen zugewiesenen Reichsmark-Liquidationsanteile ein Vorzugsrecht in dem oben erwähnten Konkursverfahren erhalten. Die Reichsmark-Liquidationsanteile der Reichsgläubiger werden demgemäß in zwei Rangstufen eingeteilt: Liquidationsanteile der Reihe A (20%) und Liquidationsanteile der Reihe B (80%), während die Geldbesitzer nur Liquidationsanteile der Reihe B erhalten (§ 30). Auch bei der Entrichtung der einmaligen Vermögensabgaben („Ausgleichsabgaben"), aus deren Erträgen die Konkursmasse im wesentlichen gebildet wird, können die Reichsmark-Liquidationsanteile der Reihe A in weiterem Umfang verwendet werden als die Liquidationsanteile der Reihe B (§ 28 Abs. 4).

Den Forderungen gegen das Reich werden die Forderungen gegen die NSDAP., ihre Gliederungen und angeschlossenen Verbände gleichgestellt, soweit diese Forderungen nach bestimmten Richtlinien, die in einer Durchführungsverordnung zu erlassen sein werden, als wirtschaftlich berechtigt anzusehen sind, also keinen politischen Charakter tragen. Die übrigen Forderungen gegen die NSDAP. usw. erlöschen, gewähren also nicht einmal ein Anrecht auf Beteiligung an der Konkursmasse.

Für die Forderungen gegen das Reich, die den Lebensversicherungsunternehmungen und den Sozialversicherungsträgern zustehen und einen wesentlichen Teil der Aktiven dieser Institutionen ausmachen, ist eine Sonderregelung vorgesehen. Der Inhalt hängt von der Regelung der Ansprüche der Versicherungsnehmer ab, die in ihren Grundzügen unten zu IV. d) 1, angedeutet werden.

Eine Sonderregelung ist ferner vorbehalten für die vor dem 8. Mai 1945 begründeten Forderungen gegen die Reichsbahn und die Reichspost, deren Vermögen rechtlich ein Sondervermögen des Reiches darstellt. Da noch nicht ersichtlich ist, in welcher Weise die Auseinanderzetzung zwischen Reichsbahn und Reichspost einerseits und den Bahn- und Postverwaltungen in den Westzonen andererseits, die nicht Rechtsnachfolger der Reichsbahn bzw. der Reichspost sind und nur das in den Westzonen investierte Bahn- und Postvermögen in treuhänderischer Verwaltung übernommen haben, endgültig gestaltet werden wird, können über die Schulden der Reichsbahn und der Reichspost noch keine näheren Bestimmungen getroffen werden.

Im Rahmen einer reinen Westzonen-Regelung, wie sie der vorliegende Plan darstellt, taucht die Frage auf, welcher Anteil an der Reichsschuld auf die Westzonen entfällt. Soweit es sich um äußere Verbindlichkeiten des Reiches handelt, kann und braucht diese Frage in dem Gesetz zur Neuordnung des Geldwesens nicht geregelt zu werden. Was die inneren Schulden des Reiches anlangt, so steht die Sonderstelle Geld und Kredit, ausgehend von dem Prinzip der Solidarhaftung, auf dem Standpunkt, daß die Westzonen, d. h. die Gesamtheit ihrer Einwohner, nach Maßgabe ihrer Kräfte für diejenigen Verbindlichkeiten des Reiches einstehen müssen, die dieses gegenüber Einwohnern der Westzonen hat. Es kommt daher nicht darauf an, wo diese Forderungen begründet worden sind, und wo sich die den Gläubigern zustehenden Reichstitel zur Zeit befinden.

Aus diesem Grunde sollen die Einwohner der Westzonen auch wegen derjenigen Kriegsschäden, die sie außerhalb der Westzonen erlitten haben, mit Reichsmark-Liquidationsanteilen abgefunden werden. Umgekehrt wird Einwohnern der Ostzone wegen der Kriegsschäden, die sie in den Westzonen erlitten haben, keine Beteiligung an der in den Westzonen gebildeten Konkursmasse gewährt.

Die Flüchtlinge und Vertriebenen sollen wegen der Verluste, die sie im Ausland wegen ihrer Zugehörigkeit zum deutschen Volk erlitten haben, ebenfalls durch Zuweisung von Reichsmark-Liquidationsanteilen entschädigt werden, obwohl ihnen deswegen bisher kein Anspruch gegen das Reich zustand. Da es unmöglich erscheint, die in die Millionen gehende Zahl von Schadensfällen individuell zu bearbeiten, zumal im Falle der Flüchtlinge in den meisten Fällen keine zuverlässigen Nachprüfungsmöglichkeiten bestehen, sieht das Gesetz die Möglichkeit vor, die im Ausland erlittenen Vermögensverluste und die Beträge der zum Ausgleich dafür zu gewährenden Reichsmark-Liquidationsanteile zu pauschalieren (§ 24 Abs. 4). Es ist daran gedacht, die Flüchtlinge und Vertriebenen nach ihrer sozialen Schichtung in bestimmte Wohlstandsgruppen einzuteilen und, hiervon ausgehend, unter Berücksichtigung der Altersklassen, des Familienstandes, der Zahl der Kinder usw. die den Flüchtlingen in Form von Reichsmark-Liquidationsanteilen zuzuerkennenden Abfindungsbeträge zu bemessen. Auf diese Weise kann das Entschädigungsverfahren für die Flüchtlinge verhältnismäßig rasch durchgeführt werden, womit den Flüchtlingen mehr gedient ist als mit dem Versuch einer individuellen Schadensfeststellung in einem infolgedessen überaus langwierigen Verfahren, zumal die Erträge der Ausgleichsgaben doch nicht entfernt ausreichen werden, um den tatsächlichen Schaden, den die Flüchtlinge und Vertriebenen erlitten haben, auch nur einigermaßen zu decken. Die mit der Schadenspauschalierung verbundene Herabsetzung der Entschädigungssummen auf ein Maß, das weit unter dem wirklich erlittenen Schaden liegt, läßt es andererseits geboten erscheinen, den Flüchtlingen einen höheren Anteil an Reichsmark-Liquidationsanteilen der Reihe A zuzuweisen, als dies sonst bei den Gläubigern des Reiches der Fall ist; denn die Liquidationsanteile der Reihe A haben nicht nur einen besseren Rang als die Liquidationsanteile der Reihe B, sondern sollen auch zeitlich bevorzugt an den Ausschüttungen aus der bei der Westdeutschen Ausgleichskasse gebildeten Teilungsmasse teilnehmen. Der Möglichkeit, bei den Abfindungssummen, die den Flüchtlingen zugebilligt werden, einen höheren Teil als 20%, eventuell sogar 100%, in Form von Reichsmark-Liquidationsanteilen der Reihe A zuzuteilen, trägt § 30 Abs. 2 des Gesetzes ausdrücklich Rechnung. Die endgültige Bestimmung dieser Teile müßte dem noch ausstehenden Gesetz über Kriegs- und Kriegsfolgeschäden überlassen werden, da die Einzelheiten des Pauschalierungsverfahrens noch nicht feststehen.

Auch bei den sonstigen Kriegsschäden ist die Möglichkeit der Zuweisung eines über 20% der Entschädigungssumme hinausgehenden Teils derselben in Reichsmark-Liquidationsanteilen der Reihe A vorgesehen worden. Hierbei ist jedoch weniger an eine pauschalierte Feststellung des Schadens und der Entschädigungssumme gedacht, als an eine Bestimmung, die den durchaus gerechtfertigten Grundastz verwirklicht, daß jeder Deutsche solche Kriegsschäden, die einen bestimmten Teil seines Vermögens (etwa ein Viertel) nicht überschreiten, selbst tragen muß und nicht auf die Allgemeinheit abwälzen kann. Auch der Erlaß einer dahingehenden Vorschrift ist dem in Vorbereitung befindlichen Gesetz über Kriegs- und Kriegsfolgeschäden überlassen worden.

Nicht zu den Ansprüchen gegen das Reich und zu den ihnen gleichgestellten Ansprüchen aus Kriegs- und Kriegsfolgeschäden können diejenigen Vermögensschäden gerechnet werden, die ein Angehöriger der Westzonen durch konfiskatorische Maßnahmen deutscher oder sowjetischer Stellen in der Ostzone erlitten hat. Die Westzonen müssen zwar ihren Anteil an den Kriegs- und Kriegsfolgeschäden insoweit tragen, als es sich um Schäden handelt, die ihren Einwohnern im Ausland und in den von Deutschland abgetrennten Gebieten zugefügt worden sind; es kann aber von ihnen nicht erwartet werden, daß sie die Sozialisierung in der Ostzone finanzieren, für welche die dortigen Gebietskörperschaften aufzukommen haben. Diesem Gesichtspunkt wird das in § 24 Abs. 4 und 5 vorgesehene Gesetz über Kriegs- und Kriegsfolgeschäden besondere Rechnung tragen müssen.

Der Grundsatz, daß die Westzonen — abgesehen von der noch ausstehenden Festsetzung und Regelung ihres Anteils an den auswärtigen Schulden des Reiches — an der bei ihnen aus den Erträgen der Ausgleichsabgaben gebildeten Teilungsmasse nur die in ihrem Gebiet ansässigen Gläubiger des Reiches beteiligen können, macht besondere Sicherungsmaßnahmen dagegen notwendig, daß Forderungen gegen das Reich, die Angehörigen der Ostzone zustehen, nachträglich an Angehörige der Westzonen abgetreten werden. Paragraph 24 Abs. 6 des Gesetzes verbietet daher die Verfügung über solche Ansprüche. Um eine Umgehung dieser Vorschrift zu verhindern, sieht § 24 Abs. 7 eine besondere Melde- und Ablieferungspflicht für Wertpapiere vor, die Forderungen gegen das Reich verbriefen. Für die Erfüllung dieser Pflicht ist eine kurze Ausschlußfrist gesetzt, nach deren fruchtlosem Ablauf der Anspruch auf Zuweisung von Reichsmark-Liquidationsanteilen verfällt. Wegen der Einzelheiten dieser Regelung und der Ausnahme für in Sammelverwahrung gegebene Wertpapiere, bei denen aus verschiedenen Gründen von der Meldepflicht abgesehen werden kann, wird auf den Gesetzestext verwiesen. Im übrigen wird das in Vorbereitung befindliche Wertpapierbereinigungsgesetz, das möglichst bald erlassen werden sollte, diesen Fragen besondere Aufmerksamkeit widmen müssen.

IV. Auswirkungen der Verminderung des Geldumlaufs und der Nichteinlösung der Reichsschulden auf schwebende Schuldverhältnisse

a) Allgemeines

Das Lohn- und Preisniveau wird, unbeschadet nachträglicher Korrekturen, die von der Sonderstelle im Hinblick auf die veränderten wirtschaftlichen Verhältnisse und im Interesse einer gesunden Haushaltsgebarung für unbedingt notwendig gehalten werden, durch die vorgeschlagenen Währungsmaßnahmen nicht berührt. Insoweit besteht zwischen diesem und dem amerikanischen Plan Übereinstimmung. Der Unterschied besteht nur darin, daß die Aufrechterhaltung des Nominallohnes, der Mietforderungen und anderer Ansprüche auf wiederkehrende Leistungen bei dem Plan der Sonderstelle der Regel entspricht, während sie bei dem amerikanischen Plan eine Ausnahme von der Regel bildet, denn bei einer Geldabwertung, wie sie der amerikanische Plan vorsieht, muß sich der Geldschnitt grundsätzlich in einer entsprechenden Abwertung aller Geldforderungen auswirken. Auf die Schwierigkeiten, die sich hieraus auf die Durchführung des Abwertungsgedankens ergeben, ist bereits oben zu B I hingewiesen worden. Die Sonderstelle hält es für einen Vorzug ihres Planes, daß dabei auf die Erhebung einer komplizierten Schuldnergewinnabgabe verzichtet und ein schon sehr bald wirkender Druck auf die gehorteten Warenlager ausgeübt werden kann.

Der im § 2 Abs. 1 des Gesetzentwurfs ausgesprochene Grundsatz, daß alle Reichsmarkverbindlichkeiten vom Währungsstichtag an zu ihrem Nennbetrag in Mark zu erfüllen sind, schließt jedoch die Möglichkeit nicht aus, der veränderten Situation Rechnung zu tragen, vor die sich die Schuldner durch die Streichung und die Stillegung des größten Teils der Bankguthaben sowie durch den „Konkurs" des Reiches gestellt sehen. Die zu diesem Zweck zu ergreifenden Maßnahmen brauchen — und auch darin liegt nach Ansicht der Sonderstelle ein Vorzug des Systems der Demonetisierung gegenüber dem Abwertungsgedanken — nicht für alle Schuldverhältnisse die gleichen zu sein, können vielmehr die wirtschaftlichen Besonderheiten der verschiedenen Arten von Schuldverhältnissen und den Zeitpunkt ihrer Fälligkeit, der bei einer plötzlichen Währungsumstellung besonders wichtig ist, durch eine entsprechend differenzierte Behandlung berücksichtigen. Demgemäß unterscheiden die Vorschriften, die für die Abwicklung schwebender Schuldverhältnisse vorgeschlagen werden, zwischen kurzfristig und später fällig werdenden Verbindlichkeiten (siehe unten zu b und c) und behandeln im Anschluß daran eine

Reihe von typisierten, langfristigen Verpflichtungen, deren Eigenart besondere Regelungen erfordert (siehe unten zu d). Schließlich ist auch der Notwendigkeit einer individuellen Regelung von Härtefällen durch entsprechende Bestimmungen Rechnung getragen worden (siehe unten zu e).

b) Kurzfristig fällig werdende Verbindlichkeiten (§ 15)

Die zur Verminderung des Geldumlaufs vorgeschlagenen Maßnahmen haben zur Folge, daß die Zahlungsbereitschaft der Geldbesitzer plötzlich auf $^1/_{20}$ herabgesetzt wird. Den Liquiditätsschwierigkeiten, die infolgedessen bei einem Teil der Wirtschaft in den ersten Wochen auftreten werden, soll, wie an anderer Stelle ausgeführt wird (siehe unten zu V), während der Übergangszeit, d. h. bis zu dem Zeitpunkt, zu dem die betroffenen Unternehmungen mit Zahlungseingängen aus neuem Geld rechnen können, durch erleichterte Kreditgewährung begegnet werden, soweit dies zur Vermeidung von Stokkungen bei der Zahlung der Löhne und anderer unaufschiebbarer Betriebsausgaben notwendig ist. Bei den kurzfristig fällig werdenden Verbindlichkeiten aus der Zeit vor der Währungsumstellung ist dagegen — abgesehen von den vorstehend erwähnten Fällen — eine Kredithilfe zugunsten des Schuldners grundsätzlich nicht angebracht, da sie in vielen Fällen die weitere Durchhaltung von Warenlagern ermöglichen würde, die der Kreditnehmer auch ohne die Währungsreform hätte abstoßen müssen, um den Kaufpreis für die Ware bezahlen zu können. Aber auch da, wo es sich nicht um Verbindlichkeiten im Sektor des Warenverkehrs handelt, würde die Gewährung kurzfristiger Überbrückungskredite an den Schuldner in den meisten Fällen währungspolitisch überaus bedenklich sein. Dies gilt insbesondere für die kurz nach der Währungsreform fällig werdenden langfristigen Reichsmarkschulden, da eine rechtzeitige Abdeckung der zur Bezahlung dieser Schulden gewährten Überbrückungskredite in Neugeld in keiner Weise gewährleistet wäre.

Auch der naheliegende Gedanke, der plötzlichen Veränderung der Liquidität ausschließlich durch Moratorien Rechnung zu tragen, also den Schuldnern, abgestuft nach Eigenart und Umfang der Schuldverhältnisse, von Gesetzes wegen Fristen zuzugestehen, innerhalb deren sie durch Einsparung eigener Mittel oder Aufnahme fremder Mittel wieder denjenigen Grad von Liquidität erreichen können, den sie zur Abdeckung ihrer Schulden benötigen, ist im Falle kurfristiger Geldschulden aus Warenkäufen vor der Währungsumstellung aus den oben angegebenen Gründen nicht vertretbar. Eine solche Beschränkung auf Moratorien würde darüber hinaus auch die berechtigten Interessen der Schuldner nicht ausreichend berücksichtigen. Dies gilt insbesondere für kurzfristig nach dem Währungsstichtag fällig werdende langfristige Reichsmarkschulden. Es darf nicht verkannt werden, daß es bis zu einem gewissen Grade auf einem Zufall beruht, wer am Währungsstichtag von der Geldkontraktion betroffen wird: hätte ein Warenlieferant einen Tag vor der Währungsumstellung seine Rechnung bezahlt erhalten, so wäre in Höhe des Rechnungsbetrages ihm und nicht dem Abnehmer der Waren die Rolle des Altgeldbesitzers am Stichtag zugefallen. Aus diesem Grunde sieht der Entwurf die Abwälzbarkeit der Geldkontraktion vom Schuldner auf den Gläubiger vor, aber nur für Schulden, die vor dem Stichtag entstanden sind und innerhalb eines Zeitraumes von drei Monaten danach fällig werden. Diese Regelung vermeidet die Unbilligkeit, die darin liegen würde, daß ein Schuldner den zur Bezahlung seiner Schulden nötigen Betrag in Reichsmark bereitgelegt haben könnte, durch die Geldkontraktion aber nun etwa genötigt wäre, fast den gesamten Betrag noch einmal in Neugeld zu beschaffen. Für den Gläubiger ist die Unbilligkeit bei der vorgesehenen zeitlichen Beschränkung deshalb zumutbar, weil er durch die Reichsmarkbezahlung bzw. durch die an ihrer Stelle gestattete Zahlung des Rechnungsbetrages mit 5% in Mark, 15% in Festgeld und 80% in Reichsmark-Liquidationsanteilen (sogenannte quotale Bezahlung) so gestellt wird, wie er ohnehin gestellt wäre, wenn seine Forderung einige Zeit (im äußersten Falle drei Monate) früher fällig gewesen und erfüllt worden wäre.

Da es auf seiten der Schuldner als Härte empfunden werden wird, das Privileg der quotalen Bezahlung nicht für diejenigen Reichsmarkschulden zu besitzen, die alsbald nach Ablauf der Dreimonatsfrist fällig werden, sondern in diesem Falle den Rechnungsbetrag der in Reichsmark eingegangenen Verbindlichkeit in vollem Umfang in neuem Geld zahlen zu müssen, wird hinzunehmen sein. Die Festsetzung eines Stichtages, also die Ziehung einer zeitlichen Grenzlinie zwischen den Geltungsbereichen von einander abweichender Regelungen, erweckt immer den Anschein einer gewissen Unbilligkeit, wenn gleichartige Tatbestände, die zeitlich benachbart, aber eben durch die Grenzlinie getrennt worden sind, miteinander verglichen werden. Auch die auf dem Abwertungsgedanken aufgebauten Währungspläne können solche Unbilligkeiten nicht vermeiden, da der Schuldner dort trotz der späteren Schuldnergewinnabgabe gegenüber dem sofort von der Abwertung betroffenen Gläubiger auf jeden Fall den nicht hoch genug zu veranschlagenden Vorteil des zeitlichen Intervalls besitzt. Demgegenüber handelt es sich im vorliegenden Falle bei der zeitlichen Begrenzung des Schuldnerprivilegs der quotalen Bezahlung doch in den meisten Fällen nur um eine scheinbare Unbilligkeit; denn es wird wohl nur selten der Fall eintreten, daß Schuldner von Reichsmarkverbindlichkeiten, die erst später als drei Monate nach dem Währungsstichtag fällig werden, den Schuldbetrag bereits vorsorglich in Reichsmark bereitgestellt hatten. Damit entfällt aber bei diesen später fällig werdenden Verbindlichkeiten in der Regel die typische Ausgangslage, die zu der im Gesetz getroffenen Regelung Anlaß gegeben hat. Grundsätzlich kann und muß daher den Schuldnern der nach Ablauf der Dreimonatsfrist fällig werdenden Reichsmarkverbindlichkeiten zugemutet werden, die Schuldsumme in der auch sonst üblichen Weise aus ihrem laufenden Einkommen oder durch Realisierung ihres als Deckung der Schuld dienenden Sachbesitzes in Neugeld aufzubringen. Auch hier muß dem Gesichtspunkt der Mobilisierung der Warenlager der Vorrang vor einer übertriebenen Rücksichtnahme auf die Interessen der Schuldner eingeräumt werden. Im übrigen trägt der Gesetzentwurf den besonderen Härten, die sich aus der starken Liquiditätsminderung ergeben können, für langfristige Altgeldverbindlichkeiten, die innerhalb von zwei Jahren nach dem Ablauf der Dreimonatsfrist fällig werden, durch ein zweijähriges Moratorium Rechnung (siehe unten zu c). Darüber hinaus ist, und zwar auch in bezug auf andere Reichsmarkverbindlichkeiten, Vorsorge für eine individuelle Regelung von Härtefällen getroffen worden (siehe unten zu e).

Die Abwälzbarkeit der Geldkontraktion, also das Recht des Geldbesitzers, seine Gläubiger innerhalb von drei Monaten noch durch Reichsmarküberweisung bzw. mit seinen quotalen Mitteln (d. h. durch Übertragung der aus der Dreiteilung seines bisherigen Geldes in Freigeld, Festgeld und Liquidationsanteile sich ergebenden Werte) „quotal" zu befriedigen, würde bei strenger Durchsetzung dazu führen, daß der Schuldner nur, soweit er quotale Mittel bzw. Altgeldguthaben bei einem Kreditinstitut hat, quotal bezahlen kann.

Vom Standpunkt seines Gläubigers gesehen, würde es also auf einem Zufall beruhen, ob er in neuem Geld oder nur quotal befriedigt wird. Dies erschien unbillig, zumal dem Schuldner damit die Möglichkeit gegeben wäre, seine Gläubiger gegeneinander auszuspielen und mit der Drohung, er werde nur quotal zahlen, unberechtigte Zugeständnisse seiner Gläubiger zu erpressen. Aus diesem Grunde sieht der Entwurf vor, daß ein Gläubiger der hier in Betracht kommenden Forderungen unter allen Umständen nur quotale Bezahlung erhalten darf; soweit der Schuldner keine eigenen quotalen Mittel bzw. Altgeldguthaben besitzt, muß er in vollem Umfang in neuem Geld zahlen; der Gläubiger erhält jedoch nur die quotale Bezahlung. Derartige Zahlungen können nur über die Kreditinstitute durchgeführt werden, welche die Ausgleichsbuchungen zugunsten und zu Lasten der Ausgleichskasse automatisch vornehmen (§ 15 Abs. 3). Von der Seite des Schuldners gesehen ist diese Regelung keine Unbilligkeit. Auch ohne Geldneuordnung hätte er seine Schulden, soweit sie seinen Geldbesitz übersteigen, nur mit neugeschaffenem Geld zurückzahlen können. Vom Standpunkt der Allgemeinheit hat diese Regelung die günstige Nebenwirkung, daß der Ausgleichskasse, die dabei 80% der in neuem Geld gezahlten Schuldsumme einbehält und den Gläubiger in dieser Höhe mit Reichsmark-Liquidationsanteilen abfindet, sofort Neugeldbeträge zufließen, auf deren Eingang sie sonst erst im Zuge der später vom Gläubiger zu entrichtenden Vermögensabgaben rechnen könnte.

Die vorstehende Regelung gilt, wie bereits angedeutet, nicht für Löhne, Gehälter, Pensionen, Zinsen, Tilgungsraten, Miet- und Pachtzinsen, Renten und andere wiederkehrende Leistungen. Für diese Verbindlichkeiten bleibt vielmehr der Grundsatz aufrechterhalten, daß die auf Reichsmark lautenden Schulden im Verhältnis 1 : 1 in Neugeld zu zahlen sind (§ 15 Abs. 9). Für Geldschulden aus gegenseitigen Verträgen gilt das vorstehend erläuterte Prinzip der quotalen Bezahlung nur, wenn und soweit die Gegenleistung bereits vor der Währungsumstellung erbracht worden ist (§ 15 Abs. 8). Andernfalls, d. h. soweit die Gegenleistung noch nicht erbracht ist, kann der Geldschuldner vom Vertrag zurücktreten, muß sich aber dann gefallen lassen, daß die Rückerstattung einer von ihm in Reichsmark geleisteten Anzahlung ebenfalls durch quotale Bezahlung erfolgt. Macht er von seinem Rücktrittsrecht keinen Gebrauch, so hat er — der Regel des § 2 Abs. 1 entsprechend — die Schuldsumme voll in Neugeld zu zahlen.

c) Später fällig werdende Verbindlichkeiten (§ 16)

Abgesehen von den Fällen, in denen langfristige Reichsmark-Verbindlichkeiten kurz nach der Währungsreform fällig werden und in denen infolgedessen die Schuldner, die sich bereits auf die Zahlung in Reichsmark eingestellt hatten, von der Währungsumstellung überrascht werden, besteht nach den ausführlichen Darlegungen oben zu b) kein schutzbedürftiges Interesse der Schuldner an der Zubilligung des Privilegs der quotalen Bezahlung ihrer Verbindlichkeiten. Andererseits kann nicht verkannt werden, daß es für die Schuldner sehr schwierig sein wird, die nunmehr in Neugeld aufzubringenden Schuldbeträge in absehbarer Zeit zu beschaffen. So wenig Interesse daran besteht, die weitere Durchhaltung von Warenlagern zu erleichtern, denen ja im allgemeinen auch — wenn überhaupt — nur kurzfristige Verbindlichkeiten der Besitzer dieser Lager gegenüberstehen, so wenig kann es zugelassen werden, daß der Haus- und Grundbesitz einem überstarken

Druck ausgesetzt wird. Dies würde aber bei der allgemeinen Kapitalknappheit nach der Währungsreform der Fall sein und zu zahlreichen unerwünschten Exekutionen auf diesem Gebiete führen, wenn man die Schuldner derjenigen langfristigen Verbindlichkeiten, die erst nach Ablauf von drei Monaten seit dem Währungsstichtag fällig werden, zwingen wollte, die im Verhältnis von 1 : 1 auf Mark umgestellten Schuldbeträge in verhältnismäßig kurzer Zeit aufzubringen. Aus diesem Grunde sieht das Gesetz ein zweijähriges Moratorium für langfristige Reichsmark-Verbindlichkeiten vor. Um eine Zusammenballung von Fälligkeiten nach Ablauf des Moratoriums zu vermeiden, endet das Moratorium nicht für alle Schuldverhältnisse zu dem gleichen Zeitpunkt, sondern dauert jeweils zwei Jahre nach Eintritt der Fälligkeit, mit der Maßgabe, daß es nur für solche Verbindlichkeiten gilt, die innerhalb von zwei Jahren nach Ablauf der dreimonatigen Frist fällig werden, innerhalb deren die kurzfristig fällig werdenden Verbindlichkeiten quotal getilgt werden dürfen. Kann dem Schuldner auch nach Ablauf des Moratoriums die Zahlung in Neugeld nicht oder noch nicht zugemutet werden, so kann er unter den unten zu e) 1aa) angegebenen Voraussetzungen unter Umständen auch noch die richterliche Vertragshilfe anrufen. Im übrigen gewährt das Moratorium auch dem Gesetzgeber einen ausreichenden zeitlichen Spielraum, um die Verhältnisse auf dem Gebiete der langfristigen Schulden und ihre Entwicklung nach der Währungsreform zu beobachten und gegebenenfalls die erforderlichen gesetzgeberischen Konsequenzen zu ziehen.

d) Sonderfälle

Die Vorschrift, wonach vor der Währungsumstellung begründete Schuldverpflichtungen zu demselben Nennbetrag in neuer Währung fortbestehen, kann für eine Reihe typisierter langfristiger Verpflichtungen nicht ohne weiteres gelten. Es müssen, um nur die Hauptbeispiele zu nennen, für die Sozialversicherung, für die Lebensversicherung sowie für die Ansprüche aus Pfandbriefen und verwandten Schuldverschreibungen besondere Regelungen getroffen werden. Das Gemeinsame dieser Schuldverhältnisse ist, daß den Verpflichtungen der Schuldner in besonders großem Umfang Forderungen gegen das Reich aus der mehr oder weniger unvermeidlichen Übernahme von Reichsanleihen oder durch den Krieg zerstörte oder beschädigte Vermögenswerte — meist als formale Deckung im Sinne besonderer gesetzlicher Vorschriften — gegenüberstehen. Der Entwurf beschränkt sich darauf, die beabsichtigten Maßnahmen in ihren Grundzügen festzulegen. Die Einzelheiten müssen in Durchführungsverordnungen geregelt werden. Sie würden das Währungsgesetz über Gebühr belasten. Auch muß ihre Beratung mit Sachverständigen der beteiligten Wirtschaftskreise aus Gründen der Geheimhaltung bis zum Erlaß des Währungsgesetzes zurückgestellt werden.

1. Lebensversicherung (§ 19)

Während die Prämienzahlungen der Regel des § 2 Abs. 1 folgen, also zum bisherigen Nennbetrag in neuer Währung weiter entrichtet werden müssen, können die Ansprüche der Versicherten nicht in vollem Umfang im Verhältnis von 1 : 1 auf Mark umgestellt werden. Es ist zu bedenken, daß die vor der Währungsumstellung, also in Reichsmark geleisteten Prämienbeträge in zunehmendem Maße in Reichsanleihen angelegt werden mußten und daß der Deckungsstock auch im übrigen zu einem großen Teil aus Vermögensgegenständen besteht, die infolge von Kriegsschäden und konfiskatorischen Eingriffen (Ostzonenguthaben), infolge der Demonetisierung des größten Teils der Bankguthaben der Versicherungsunternehmungen und aus anderen Ursachen erhebliche Wertminderungen erfahren haben oder völlig zerstört worden sind. Das Gesetz sieht in Berücksichtigung dieser Tatsachen die Aufstellung eines Teilungsplanes durch hierzu einzusetzende Treuhänder vor, der der Genehmigung der Versicherungsaufsichtsbehörde bedarf. Es wird im übrigen noch zu prüfen und in der vorgesehenen Durchführungsverordnung zu entscheiden sein, ob der besonderen Bedeutung der Versicherungsunternehmungen auf dem Kapitalmarkt, die der Kreditmittlerrolle der Kreditinstitute ähnlich ist, nicht durch eine Sonderbehandlung ihrer Forderungen gegen das Reich Rechnung getragen werden kann und muß.

2. Sachversicherung (§ 20)

Im Gegensatz zur Lebensversicherung können und sollen bei der Sachversicherung nicht nur die Prämien, sondern auch die Ansprüche der Versicherten grundsätzlich, der Regel des § 2 Abs. 1 folgend, im Verhältnis von 1 : 1 auf Mark umgestellt werden. Einer besonderen Behandlung bedarf höchstens die Frage der Erledigung der noch nicht regulierten Schadensfälle aus der Zeit vor der Währungsumstellung. Ferner wird noch zu prüfen sein, ob und in welchem Umfang auf im voraus bezahlte Beiträge für die Zeit nach dem Stichtag Nachzahlungen in Neugeld zu leisten sind. Diese Fragen sollen durch eine Durchführungsverordnung geregelt werden.

3. Sozialversicherung (§ 21)

Auch die Sozialversicherungsansprüche sollen grundsätzlich — ebenso wie natürlich die laufenden Beiträge der Arbeitnehmer und

Arbeitgeber — zum Nennbetrag auf Mark umgestellt werden. Da das Vermögen der Sozialversicherungsträger zum großen Teil in Reichsanleihen angelegt ist, wird dieser Grundsatz nur mit Hilfe von Zuschüssen aus Haushaltsmitteln verwirklicht werden können. Das Gesetz sieht auch die Möglichkeit einer Vorzugsbehandlung der Forderungen der Sozialversicherungsträger gegen das Reich vor. Das Nähere soll durch ein Gesetz des Wirtschaftsrats geregelt werden, dem damit das Währungsgesetz eine über seinen bisherigen Zuständigkeitsbereich hinausgehende Aufgabe zuweist. Diese Zuständigkeitserweiterung ist allerdings nur dann rechtswirksam, wenn das Gesetz zur Neuordnung des Geldwesens von der Militärregierung erlassen wird.

4. Pfandbriefe und verwandte Schuldverschreibungen (§ 22)

Die Deckungswerte für die von den Pfandbriefanstalten ausgegebenen Schuldverschreibungen werden im allgemeinen von der Währungsumstellung nicht betroffen, da es sich dabei um langfristige Forderungen handelt, die zum Nennbetrag in Neugeld zu erfüllen sind (vgl. oben zu c). Währungsmäßig bedingte Ausfälle treten nur bei den vor der Währungsumstellung in Reichsmark und bei den innerhalb von drei Monaten nach der Währungsumstellung quotal gezahlten Zins- und Tilgungsbeträgen ein (§ 11 Satz 2, § 15). Ausfälle auf Grund der Vorschriften des Gesetzes zur Neuordnung des Geldwesens treten ferner ein, soweit die Deckungsmasse für die Pfandbriefe — als Ersatzdeckung an Stelle von zurückgezahlten Hypotheken oder Grundschulden — Schuldverschreibungen des Reiches enthält (§ 13 Abs. 1 Satz 3). Abgesehen von diesen, mit der Währungsumstellung zusammenhängenden Ausfällen, hat aber die Deckungsmasse besonders durch Kriegsschäden an den von den Pfandbriefanstalten beliehenen Grundstücken außerordentliche Wertminderungen erfahren. Es ist daher unmöglich, die Pfandbriefe und die ihnen verwandten Schuldverschreibungen im Verhältnis 1 : 1 auf Neugeld umzustellen. Von dem Gedanken einer einheitlichen Lösung muß Abstand genommen werden, weil das Ausmaß der Ausfälle naturgemäß bei den einzelnen Instituten außerordentlich schwankt. Es ist deshalb vorgesehen, bei jedem Institut Teilungsmassen zu bilden, die aus den Werten bestehen, die zur Zeit der Währungsumstellung als Deckung für die von dem Institut ausgegebenen Schuldverschreibungen bestimmt waren. Das Teilungsverfahren dient der Feststellung, welcher Wert den Deckungswerten in Anbetracht dieser Ausfälle zukommt, wobei die Auswirkungen des vorgesehenen Gesetzes über die Entschädigung von Kriegs- und Kriegsfolgeschäden auf den Wert der zur Deckung der Schuldverschreibungen bestimmten

Hypotheken zu berücksichtigen sein werden. Hieraus ergibt sich dann der Nennbetrag, zu dem die Pfandbriefe auf Mark umzustellen sind. Er verringert sich jedoch noch unter Umständen durch die sog. Quellenabgabe, die bei den Ausstellern der Pfandbriefe und verwandten Schuldverschreibungen für Rechnung der Inhaber dieser Schuldverschreibungen erhoben und aus den Eingängen auf die Deckungsmasse geleistet werden soll (§ 29 Abs. 1). Wegen der Einzelheiten dieser Quellenabgabe, die von den Inhabern der Schuldverschreibungen auf die von ihnen zu entrichtenden einmaligen Vermögensabgaben angerechnet werden kann (§ 26 Abs. 2), wird auf die Ausführungen zu VI b) 3 cc) verwiesen.

e) Berücksichtigung von Härtefällen

Wenngleich die zu b) und c) dargelgten Regelungen für die kurzfristig und für die später fällig werdenden Altgeldverbindlichkeiten im allgemeinen ausreichen werden, um den schutzbedürftigen Interessen der Schuldner gerecht zu werden, so erscheint es doch geboten, eine individuelle Behandlung besonderer Härtefälle zu ermöglichen. Diesem Zweck dienen die nachstehend erläuterten Vorschriften.

1. Vertragshilfe

aa) Richterliche Vertragshilfe (§ 18)

Soweit das Gesetz von den Schuldnern von Reichsmarkverbindlichkeiten die Zahlung in Neugeld verlangt, kann unter Umständen Antrag auf Herabsetzung oder Stundung des Schuldbetrages im Wege richterlicher Vertragshilfe gestellt werden. Um zu verhindern, daß dieses Verfahren zur Regel wird, stellt das Gesetz außerordentlich strenge Anforderungen auf: Der Richter darf den Schuldbetrag nur dann herabsetzen oder stunden, wenn und soweit die Zahlung in Neugeld oder die fristgemäße Zahlung in Neugeld dazu führen würde, daß der Lebensstandard des Schuldners unter das Minimum einer bescheidenen Lebenshaltung gedrückt wird oder wenn die Aufbringung der Schuldsumme nur bei Verzicht auf die Fortführung eines Unternehmens oder Berufes möglich sein würde, dessen Fortführung durch den Schuldner im öffentlichen Interesse liegt. Bemerkt sei noch, daß gegebenenfalls auch die durch das Moratorium geschützten Schuldner langfristiger Verbindlichkeiten den Weg der richterlichen Vertragshilfe beschreiten können, wenn die vorstehenden Voraussetzungen bei Ablauf des Moratoriums auf sie zutreffen. Nicht anwendbar dagegen ist die richterliche Vertragshilfe in den Fällen der zu d) behandelten Sonderregelungen.

bb) Vertragshilfe bei Industrieobligationen (§ 23)

Die für die richterliche Vertragshilfe maßgebenden Gesichtspunkte gelten auch für die Schuldner von Industrieobligationen und ähnlichen Schuldverschreibungen. Da es sich jedoch in diesen Fällen fast durchweg um Entscheidungen von großer wirtschaftlicher Tragweite handelt, erschien es nicht angebracht, damit die ordentlichen Gerichte zu belasten. Über Anträge auf Herabsetzung des Nennbetrages solcher Schuldverschreibungen sollen daher besonders einzurichtende Spruchstellen entscheiden. Die Spruchstellen sollen auch ermächtigt werden, zu bestimmen, daß die Gläubiger der Schuldverschreibungen in Höhe des Unterschiedsbetrages zwischen dem ursprünglichen Nennbetrag und dem von der Spruchstelle festgesetzten Nennbetrag der Schuldverschreibungen mit Reichsmark-Liquidationsanteilen aus dem Bestand der Schuldner abzufinden sind. Dies erschien zweckmäßig, da die Herabsetzung des Nennbetrages der Schuldverschreibungen nach Lage der Dinge in den meisten Fällen ihre Rechtfertigung darin finden wird, daß die Aussteller der Schuldverschreibungen infolge von Kriegseinwirkungen außerordentlich hohe Gebäudeschäden erlitten haben und im übrigen im Laufe des Krieges gezwungen waren, in weitem Umfang Reichsanleihen oder andere Forderungen gegen das Reich zu übernehmen.

2. Anpassung der Zins- und Tilgungsbeträge von Hypotheken und Grundschulden an die infolge von Kriegsschäden verminderte Ertragsfähigkeit der belasteten Grundstücke (§ 18)

Das Moratorium für langfristige Reichsmark-Verbindlichkeiten (oben zu c) gilt nach § 16 Abs. 1 Ziffer 7 nicht für Zinsen und Tilgungsraten, die jährlich oder in geringeren Zeitabständen zu entrichten sind. Es mußte daher schon jetzt Vorsorge für diejenigen Fälle getroffen werden, in denen die Ertragsfähigkeit von mit Hypotheken oder Grundschulden belasteten Grundstücken durch Kriegsschäden an den darauf befindlichen Gebäuden erheblich herabgemindert worden ist. Nach § 18 Abs. 3 brauchen die Zins- und Tilgungsbeträge in solchen Fällen zunächst nur in der Höhe geleistet zu werden, die sich aus dem Verhältnis des tatsächlich erzielten Ertrages zu dem Ertrag vor dem schädigenden Ereignis ergibt. Im Streitfalle muß dies im Prozeßwege festgestellt werden. Für eine richterliche Vertragshilfe ist daher neben dieser Regelung kein Raum (§ 18 Abs. 4). Die endgültige Regelung hängt davon ab, in welcher Weise die Regulierung der Kriegsschäden an Gebäuden erfolgt.

3. Herabsetzung oder anderweitige Abgeltung von Verbindlichkeiten, denen Forderungen gegen das Reich gegenüberstehen (§ 17)

Das Verhältnis zwischen den Gläubigern von Forderungen aus Kriegslieferungsverträgen und ihrer Unterlieferanten stellt ein besonders schwieriges Problem dar. Es wäre unbillig, allein die ersteren mit den Ausfällen zu belasten, die sich aus der Zahlungseinstellung des Reiches und der für den Gläubiger unbefriedigenden Regelung der Reichsschulden ergeben. Das Gesetz sieht daher vor, daß diese Verluste anteilmäßig auf die Vorlieferanten abgewälzt werden können. Dies erscheint um so gerechtfertigter, als es in vielen Fällen nur auf einem Zufall beruhte, ob der Auftrag an den Unterlieferaten diesem direkt von den Dienststellen des Reiches oder nur mittelbar über den Hauptlieferanten erteilt wurde. Demgemäß gewährt das Gesetz demjenigen, der aus einer Lieferung oder einer sonstigen Leistung Forderungen gegen das Reich besitzt, eine Einrede gegenüber seinen Vorlieferanten, solange und soweit er selbst wegen seiner Forderung gegen das Reich nicht befriedigt worden ist. Es ist auch daran gedacht, ihm das Recht einzuräumen, seine Verbindlichkeit gegenüber dem Vorlieferanten durch Hingabe von Reichsmark-Liquidationsanteilen zum Erlöschen zu bringen, die er für seine eigenen Forderungen gegen das Reich erhalten hat. Das Nähere soll durch eine Durchführungsverordnung geregelt werden, wobei noch bemerkt sein mag, daß die vorstehende Regelung auch für das Verhältnis mehrerer Vorlieferanten untereinander gelten soll. Natürlich schließt die vorstehende Regelung nicht aus, daß ein Schuldner, der wegen seiner eigenen Forderung gegen das Reich bereits in Reichsmark befriedigt worden ist und dem daher die obenerwähnte Einrede nicht zusteht, Antrag auf Herabsetzung des gemäß § 2 Abs. 1 im Verhältnis von 1:1 auf Mark umgestellten Nennbetrag seiner Verbindlichkeit gegenüber seinen Vorlieferanten im Wege der richterlichen Vertragshilfe stellt.

V. Die Kreditversorgung für die Übergangszeit

Die Geldfülle der preisgestoppten Inflation hat die geld- und kreditpolitische Steuerung der Volkswirtschaft weitgehend aufgehoben und letztlich unmöglich gemacht. Vom Blickpunkt der gewerblichen Unternehmungen ist die Belassung von nur 5% der liquiden Altgeldmittel zur Versorgung mit Betriebsmitteln keineswegs ausreichend. Jede Erhöhung der Freiquote bei der Währungsumstellung mit Rücksicht auf diesen Sektor der Volkswirtschaft würde den Druck auf die gehorteten Lager an Konsumgütern schwächen oder gar aufheben. Wenn es nicht gelingt, die aus der preisgestoppten Inflation in die neue

Währung transferierten Kaufkrafteinheiten unmittelbar nach der Umstellung durch die mobilisierten Hortungslager zu decken, ist der Erfolg der Währungsreform in Frage gestellt. Außerdem würde eine aus derartigen Erwägungen erhöhte Quote verhindern, daß die Wirtschaft wieder der Steuerung durch die Geld- und Kreditpolitik gehorcht. Wenn den Mitteln der Geld-, Kredit- und Steuerpolitik für die Steuerung der Produktion und Verteilung in der Volkswirtschaft die volle Wirksamkeit nicht wieder zurückgegeben werden wird, ist trotz des möglichen technischen Gelingens der Währungssanierung eine erfolgreiche Währungspolitik auf die Dauer unmöglich. Daher soll und muß die alsbald nach der Währungsumstellung in breitem Umfang auftretende Notwendigkeit für die wirtschaftlichen Unternehmungen, sich zur Betriebsmittelbeschaffung um Kredite zu bemühen, weil die Möglichkeit offener oder stiller Selbstfinanzierung durch die monetäre Operation zerstört wurde, als eine bewußt angestrebte Auswirkung der Reform angesehen werden.

Alle Erwägungen darüber, welche Maßnahmen zu treffen sind, um eine ausreichende Kreditversorgung der gewerblichen Wirtschaft, vor allem in der ersten Übergangszeit zu gewährleisten, müssen davon ausgehen, daß die Geldfülle der preisgestoppten Inflation die wirtschaftlichen Unternehmungen den Modalitäten einer Kreditaufnahme entwöhnt hat, wie andererseits die Kreditinstitute den für die Kreditоднако hergabe notwendigen Erwägungen hinsichtlich der Kreditwürdigkeit und der innigen Verbindung mit den Produktionsbedingungen der Kreditnachsuchenden entfremdet haben. Das Gesetz hat die Bestimmungen zur Bereinigung der Bilanzen der Kreditinstitute im Zuge der monetären Regelung so umfassend ausgestaltet, daß eine nahezu vollständige Sanierung der Banken gewährleistet und damit eine breite Ausgangsbasis für ein gesundes Kreditneugeschäft gegeben ist. In Ergänzung dazu wird die Konstruktion der Festkonten (§ 8) als eine zusätzliche Grundlage und als ein erster Anhaltspunkt für eine nach den bisherigen individuellen Finanzbedürfnissen abgestufte Kreditgewährung geschaffen. Darüber hinaus wird keineswegs verkannt, daß die Lösung der Aufgabe einer ausreichenden wie gleichzeitig volkswirtschaftlich gerechtfertigten Kreditversorgung der Prüfstein für den deutschen Bankenapparat sein wird, ob er die schwierigen und vielfältigen Fragen, die mit einer kreditwirtschaftlichen Steuerung des Ablaufs der Volkswirtschaft verbunden sind, bewältigen kann. Die mit der Fassung des vorliegenden Gesetzentwurfs betraute Stelle empfiehlt, die in der Bestimmung des Gesetzes gegebenen Grundlagen und Möglichkeiten für kurzfristige Betriebsmittelkredite durch eine Anweisung der Bank deutscher Länder über die Landeszentralbanken an die Kreditinstitute zu erläutern, zu unterstreichen und zu erweitern.

Der Entwurf dieser Anweisung ist als Anlage 2 beigegeben. Darin werden die Kreditinstitute in eindringlicher Weise über die gegebenen Möglichkeiten und über die volkswirtschaftlichen Voraussetzungen der Kreditgewährung aufgeklärt.

Die Landeszentralbanken erklären sich in dieser Anweisung bereit, unter gewissen Voraussetzungen auch eigene Wechsel (sog. „Solawechsel") mit nur zwei Unterschriften zu rediskontieren, da es in der Anfangszeit in vielen Fällen notwendig sein wird, die Fertigstellung von Waren, für die ein Käufer noch nicht vorhanden ist, so daß ein normaler Wechsel mangels eines Bezogenen nicht ausgestellt werden kann, durch diese Form des Wechselkredites zu finanzieren. Für die Refinanzierung von Kleinkrediten und für die Refinanzierung notwendiger Betriebsausgaben in Fällen, in denen das Instrument des Handelswechsels nicht anwendbar ist, werden den Kreditinstituten von den Landeszentralbanken für die erste Zeit großzügigerweise Rediskontmöglichkeiten in bezug auf die in diesen Fällen als Finanzinstrument in Frage kommenden Bankakzepte eröffnet. Wegen der Einzelheiten wird auf die Anlage 2 verwiesen.

Die vorstehend angedeuteten Maßnahmen haben den Charakter einer Übergangshilfe.

Zug um Zug mit der zu erwartenden Konsolidierung der geld- und kreditwirtschaftlichen Verhältnisse sollen diese Hilfsmaßnahmen abgebaut werden, um den gesamten Bankapparat zur eigenverantwortlichen Kreditpolitik zu erziehen. Auf lange Sicht gesehen, muß sowohl von der kreditsuchenden Wirtschaft als auch von seiten der kreditgewährenden Banken das Risiko einer volkswirtschaftlich gerechtfertigten Kreditgewährung in eigener Verantwortung empfunden und zum Maßstab der selbständigen Entschlüsse gemacht werden, wenn die geld- und kreditwirtschaftliche Steuerung der Volkswirtschaft ihre Funktionsfähigkeit wieder erlangen soll.

Im Zuge des Wiederaufbaues der Kreditwirtschaft wird es unerläßlich sein, auch für die Deckung des Bedarfs an langfristigen Investitionskrediten leistungsfähige Organisationsformen zu entwickeln, da als Auswirkung des Krieges und der Kriegsfolgen der Produktionsapparat der deutschen Wirtschaft nicht nur teilweise überaltert oder zerstört ist, sondern auch gefährliche Lücken und Disproportionalitäten aufweist, die zur Gewährleistung einer fortschreitenden Steigerung des Sozialprodukts wieder geschlossen bzw. bereinigt werden müssen. Diese Aufgabe kann indessen für die erste Übergangszeit zurückgestellt werden, weil vorerst im Interesse der Sicherung und Abstützung der neuen Währung die kurzfristige Kreditversorgung der Konsumgüterindustrie eindeutig im Vordergrund stehen muß und weil die vorübergehende Vernachlässigung des Bedarfs an Investitionskrediten auch im Hinblick auf die Tatsache in Kauf genommen werden kann, daß das Fortbestehen der geldwirtschaftlichen anormalen Verhältnisse einer preisgestoppten Inflation nach dem Zusammenbruch im Jahre 1945 in den letzten drei Jahren zu einer einseitigen Bevorzugung der Investitionstätigkeit zu Lasten einer Wiederbelebung der Konsumgüterproduktion geführt hat. Auf lange Sicht gesehen, muß allerdings mit einem außerordentlich hohen Investitionsbedarf gerechnet werden, ohne dessen Befriedigung die Westzonen stets ein Zuschußgebiet bleiben werden. Dies um so mehr, als die Investitionstätigkeit während der preisgestoppten Inflation vielfach nicht volkswirtschaftlich nützlichen Zwecken gedient hat, sondern nur von dem Bestreben diktiert war, sich vor den Folgen der kommenden Währungsreform zu schützen. Voraussetzung für die Wiederingangsetzung einer Investitionstätigkeit großen Stils ist aber, daß das wichtigste Kapitalgut, der arbeitende Mensch, durch ausreichende Versorgung mit Konsumgütern wieder instandgesetzt wird, seine volkswirtschaftlichen Funktionen zu erfüllen.

VI. Der Lastenausgleich

a) Die Grundsätze

Der Gesamtkomplex aller volkswirtschaftlichen vermögensrechtlichen und steuerlichen Einzelmaßnahmen, die unter dem Begriff des „Lastenausgleichs" zusammengefaßt werden, streben zwei miteinander zusammenhängende Zielsetzungen an:

1. Die schädlichen und unwirtschaftlichen Auswirkungen der preisgestoppten Inflation auf die Möglichkeit für die Bevölkerung, Konsumgüter und Sachwerte zu erwerben, haben im Verlauf der letzten zwei Jahrzehnte zu einer einseitigen Verteilung von Geldvermögen und Sachvermögen geführt. Diese ungleiche Verteilung innerhalb der Volkswirtschaft wurde vor allem deshalb als untragbar empfunden, weil mit der fortschreitenden Zerstörung der Kaufkraft des Geldes der Besitzer von Sachwerten im Zuge der mehr und mehr um sich greifenden Kompensation und Tauschwirtschaft seine Bedürfnisse unvergleichlich besser und vollständiger befriedigen konnte, als der Besitzer von Geldvermögen aus Arbeitseinkommen oder Sparkapital. Eine Währungsreform wird daher nur dann als sozial gerecht beurteilt werden, wenn die damit verbundenen Opfer gleichmäßig auf Geldvermögen und Sachvermögen verteilt werden. Dies gilt insbesondere für die überwiegende Masse der arbeitenden Bevölkerung, der wirtschaftlich schwächsten Gruppe des Volkes, deren verhältnismäßig kleiner Besitz im allgemeinen vorwiegend aus Geldvermögen besteht. Diese für ein Gelingen der Währungssanierung unerläßliche Gleichbehandlung von

Geldvermögen und Sachvermögen erscheint bei der monetären Sanierungsmethode der Abwertung mit getrennt nachgezogener Sachwertbelastung nicht in ausreichendem Maße gewährleistet. Ein aus rein monetären Gründen erforderlicher, erheblicher Abwertungssatz für die Geldvermögen zwingt zu vielgestaltigen und unübersichtlichen Bestimmungen für eine Schuldner-Gewinn-Abgabe für eine entsprechende Belastung der Sachwerte, wobei sich die Schwierigkeiten der Durchsetzbarbeit progressiv zu der Höhe des gewählten Abwertungssatzes steigern würden. Gerade die große Masse der Bevölkerung, für welche die Forderung nach Gleichbehandlung von Geldvermögen und Sachvermögen ein tiefes psychologisches Anliegen ist, wird mangels genügender Sachkenntnis an der Unübersichtlichkeit der nachgezogenen Sachwertbelastung im Zuge einer Abwertung in ihrem Verständnis scheitern, weil sie nicht genügend greifbar in Ziffern erkennen kann, daß die Sachwerte die gleichen Verluste wie die abgewerteten Geldvermögen zu tragen haben. Demgegenüber hat die vom vorliegenden Gesetzentwurf eingeschlagene Methode der Stillegung und Übertragung der stillgelegten Teile der Geldvermögen aus dem monetären Sektor in den Vermögenssektor unter ziffernmäßiger Erhaltung ihrer Größenordnung mit dem Zweck einer Verrechnung auf Belastungen der Geld- und Sachvermögen als Einheit im Zuge des Lastenausgleichs den unwiderlegbaren Vorzug, daß der Grundsatz der gleichen Behandlung beider Vermögensgruppen nach außen sichtbar hervortritt und daß in den mit geringer volkswirtschaftlicher und gesetzestechnischer Einsicht ausgestatteten breiten Schichten des Volkes die Überzeugung wachsen kann, daß dieser Grundsatz soweit wie nur irgend möglich, verwirklicht wird. Die erste der beiden Aufgaben des Lastenausgleichs liegt demnach in der Aufsaugung der aus dem monetären Sektor ausgeschiedenen und demonetisierten Geldvermögensteile, der sog. Reichsmark-Liquidationsanteile, womit die Geldkontraktion ihren endgültigen Abschluß finden wird.

2. Die zweite mit dem Lastenausgleich zu lösende Aufgabe ist durch die politische und volkswirtschaftliche Notwendigkeit umrissen, einen vermögensrechtlichen Ausgleich durchzuführen zwischen der Gruppe jener Vermögensbesitzer, die durch Kriegs- und Kriegsfolgeereignisse ihr Eigentum ganz oder teilweise verloren haben und den übrigen Besitzern von Sachvermögen, die keinerlei Einbußen in ihrem Besitzstand erlitten. Wenn die Organisation der Staats- und Wirtschaftsordnung Deutschlands auf der Grundlage des privaten Eigentums wieder aufgebaut werden soll, so wird dies nur dann von weiten Kreisen der Bevölkerung als gerecht empfunden werden, wenn die willkürlich verteilten Opfer durch Kriegsschäden und Kriegsfolgeschäden einen alle Vermögensbesitzer umfassenden Ausgleich gefunden

haben. Die durch die monetären Regelungen zur Verminderung des Geldumlaufs bedingten Sanierungsmaßnahmen für die Kreditinstitute und die sich daraus ergebende Bereinigung der geldwirtschaftlichen Gesamtbilanz schafft den Ausgangspunkt für die Lösung des Problems einer systemgerechten Behandlung der titulierten Reichsschulden und aller gegen das Reich anstehenden Schadenersatzansprüche, insbesondere aus Bomben- und Flüchtlingsschäden (vgl. § 24).

Die Einrichtung der Reichsmark-Liquidationsanteile dient auch hier dem Zweck, die Größenordnung der Entschädigungsansprüche festzuhalten und als Verrechnungseinheiten in den allgemeinen Lastenausgleich zu übernehmen. Den im Zuge des Lastenausgleichs zu erhebenden Vermögensabgaben wird damit als zweite Aufgabe zugewiesen, die für eine Befriedigung der sich in Reichsmark-Liquidationsanteilen präsentierenden Entschädigungsansprüche erforderlichen Mittel aufzubringen.

Hinsichtlich der Einzelheiten für die Behandlung der Reichsschulden, Flüchtlingsschäden und der sonstigen Ansprüche gegen das Reich wird auf die ausführliche Darstellung im Abschnitt B III verwiesen.

b) Die technische Durchführung

1. Die Westdeutsche Ausgleichskasse (§ 25)

Zur organisatorischen Untermauerung und Durchführung aller Maßnahmen des Lastenausgleichs sieht der Gesetzentwurf die Gründung einer Anstalt des öffentlichen Rechts unter dem Namen „Westdeutsche Ausgleichskasse" vor. Für diese Entscheidung zugunsten einer selbständigen Anstalt an Stelle einer Zuweisung dieser Aufgaben an die Finanz- und Steuerbehörden war die Erwägung ausschlaggebend, daß die Hereinnahme, Verwaltung und Verteilung der aus den Vermögensabgaben fließenden Mittel nicht mit der Verwaltung der den öffentlichen Haushalten aus dem normalen Steueraufkommen zur Verfügung stehenden Mittel vermengt werden dürfte, um sowohl materiell als insbesondere auch deklaratorisch gegenüber dem deutschen Volk nachdrücklich darzulegen, daß es sich bei dem Lastenausgleich um die Durchführung der finanziellen Liquidation des nationalsozialistischen Reiches und bei der Befriedigung der Ansprüche aus Reichsmark-Liquidationsanteilen um die Verteilung einer Art von Konkursquote handelt. Es ist indessen organisatorisch durchaus möglich, daß auf einen selbständigen regionalen Unterbau für die Westdeutsche Ausgleichskasse verzichtet werden kann, wenn die Finanzbehörden der Länder mit ihrem Unterbau und die Kreditinstitute in geeigneter Weise zu unterstützender Mitarbeit herangezogen bzw. Einzelmaßnahmen der technischen Durchführung an diese übertragen werden.

2. Die Reichsmark-Liquidationsanteile (§§ 9, 24, 29, 30)

Die Reichsmark-Liquidationsanteile haben keinen Wertpapiercharakter, sondern sind lediglich durch entsprechende Buchungen seitens der Westdeutschen Ausgleichskasse entstehende Verrechnungsgrößen für zu befriedigende Ansprüche. Mit vollem Bedacht ist ihre Größenordnung in „Reichsmark" ausgedrückt; nicht nur um darin den Sachverhalt und Vorgang ihrer Entstehung festzuhalten, sondern um damit nachdrücklich zu unterstreichen, daß die Liquidationsanteile keine Ansprüche zum Inhalt haben, die in Anwendung des in § 2 des Gesetzentwurfs niedergelegten Grundsatzes („Reichsmark" = „Mark") in „Mark" erhoben werden können, vielmehr lediglich Ansprüche in die Konkursmasse des Dritten Reiches darstellen, aus der Ausschüttungen zu erwarten sind. Im Hinblick darauf, daß es sachlich wünschenswert und erforderlich ist, die Möglichkeit zu differenzierenden Ausschüttungen zu haben, werden die Reichsmark-Liquidationsanteile in zwei verschiedenen Kategorien, Reihe A und Reihe B, geschaffen.

Im Zuge der Maßnahmen im monetären Sektor verbucht die Westdeutsche Ausgleichskasse in dem bei ihr geführten Schuldbuch für jedes Kreditinstitut einen Sammelanteil an Reichsmark-Liquidationsanteilen nach Maßgabe der Größenordnung der von dem betreffenden Kreditinstitut nach § 10 pflichtgemäß abgelieferten Aktivposten in Höhe von 80% der Altgeldkundeneinlagen. Aus diesen Sammelanteilen verbuchen die einzelnen Kreditinstitute zugunsten jedes ihrer Einleger den sich aus § 6 Abs. 1 ergebenden Betrag an Reichsmark-Liquidationsanteilen. Mit diesem Verbuchungsakt erlöschen die entsprechenden Verbindlichkeiten des Kreditinstitutes gegenüber den Altgeldkonteninhabern. Dementsprechend führen die Kreditinstitute die für ihre Einleger gehaltenen Reichsmark-Liquidationsanteile in ihren Bilanzen lediglich noch nachrichtlich. Die aus dieser Auflösung der Altgeldkonten herrührenden Reichsmark-Liquidationsanteile werden ausschließlich in Anteilen der Reihe B buchmäßig zugewiesen (vgl. dazu oben B II 6). Die Reichsmark-Liquidationsanteile, welche die Westdeutsche Ausgleichskasse zum Ausgleich der auf sie zu übertragenden Ansprüche gegen das Reich aus titulierten oder noch nicht titulierten Forderungen buchmäßig gutschreibt (§ 24), werden in Höhe von 20% des Gesamtbetrages an Reihe A und mit 80% des Gesamtbetrages an Reihe B zugeteilt. Hinsichtlich der an Flüchtlinge, Vertriebene und andere Geschädigte zum Ausgleich von Kriegs- und Kriegsfolgeschäden zuzuweisenden Reichsmark-Liquidationsanteile ist die Möglichkeit vorgesehen, daß die Anteile der Reihe A in der Gesamtzuteilung über 20% hinaus bis maximal zum vollen Nennbetrag erhöht werden können (§ 30, Abs. 1, vgl. dazu oben B III).

Mit diesen Maßnahmen ist erreicht, daß sämtliche aus währungspolitischen Gründen stillgelegten Geldvermögensteile in den nicht-monetären Sektor übertragen sind und zusammen mit allen Ansprüchen gegen das Reich aus titulierten oder noch nicht titulierten Forderungen bzw. Kriegs- und Kriegsfolgeschäden in einer einheitlichen Verrechnungsgröße ausgedrückt und buchmäßig festgehalten sind, wobei die Gliederung in die Reihen A und B die Möglichkeit gibt, bei der Verrechnung der Reichsmark-Liquidationsanteile auf die Vermögensabgaben und bei Verteilungen aus den der Ausgleichskasse durch den Lastenausgleich zufließenden Mitteln eine aus sozialen Gesichtspunkten wünschenswerte Differenzierung eintreten zu lassen.

3. Die Ausgleichsabgaben (§§ 26ff.)

Die Mittel für eine Zuteilung auf die in Reichsmark-Liquidationsanteilen ausgedrückten „Ansprüche“ gegen die Westdeutsche Ausgleichskasse sollen durch sog. Ausgleichsabgaben aufgebracht werden. Dabei war für die technische Ausgestaltung der einzelnen Abgabe grundsätzlich zu beachten, daß zwischen der doppelten Zielsetzung einerseits die Möglichkeit, viele Reichsmark-Liquidationsanteile durch vorgesehene Verrechnungsmöglichkeiten abzusaugen, andererseits ausreichende Neugeldmittel oder Sachwerte heranzuholen, sorgfältig ein Gleichgewicht hergestellt werden mußte. Deshalb sind einesteils die Möglichkeiten, die Abgaben durch Hingabe von Liquidationsanteilen zu leisten, eingeschränkt worden, unter bewußtem Verzicht auf den einseitigen Erfolg, die aus der Regelung im monetären Sektor stammenden Liquidationsanteile der Reihe B vollständig wieder anzusaugen. Andernteils ging der vorliegende Entwurf von der Auffassung aus, daß die Bemühungen zur Ausstattung der Westdeutschen Ausgleichskasse mit Mitteln für die Durchführung des Lastenausgleichs insbesondere für bevorzugte Auskehrungen an die Reihe A, mit ihrem Schwergewicht auf das Aufkommen an Neugeldmitteln zu konzentrieren sind, während Naturalabgaben oder Realteilungen von Sachvermögensbesitz zweitrangige Bedeutung zukommen soll. Der Gesetzentwurf glaubte, hier am erfolgreichsten zu wirken, wenn er den individuellen Überlegungen und Entscheidungen der durch die Abgaben betroffenen Vermögensbesitzer weitgehenden Spielraum läßt, welche finanzielle Dispositionen sie für die Abgeltung treffen wollen. Bei Ausarbeitung der vorgeschlagenen Bestimmung über die Leistung der Abgabe ist im übrigen davon ausgegangen worden, daß in einer eben erst durch die monetäre Sanierung zu einer funktionsfähigen Geldverfassung zurückkehrenden Volkswirtschaft ein Vermögensausgleich und die daraus folgenden Entschädigungen unter Einsatz des Geldes in seiner Eigenschaft als wieder anerkanntes Zirkulationsmittel bewerkstelligt werden solle, so daß Naturalvermögensabgaben und Realteilung, wenn sie in erheblichem oder überwiegendem Ausmaß angestrebt oder vorgesehen würden, als eine Abkehr von der geldwirtschaftlichen Ordnung zu werten wären.

Der Gesetzentwurf sieht nachstehende Arten von Ausgleichsabgaben vor:

aa) Die Zuwachsabgabe (§ 27)

Diese einmalige Abgabe soll von dem Zuwachs am Gesamtvermögen erhoben werden, der in dem Vergleichszeitraum zwischen dem Anfangsstichtag des 1. 1. 40 und dem Endstichtag, dem Tag vor dem Währungsstichtag, bei jedem Vermögensbesitzer eingetreten ist. Soziale Überlegungen würden an sich rechtfertigen, für den Anfangsstichtag einen früheren Zeitpunkt zu wählen, möglicherweise den 1. 1. 35, um die Forderung zu erfüllen, daß alle Nutznießer der Aufrüstung und Kriegskonjunktur mit einem außerordentlichen Beitrag in nahezu konfiskatorischer Höhe zur Abtragung der Lasten und Schulden des Krieges herangezogen werden. Indessen sind durch Kriegsereignisse die Akten der Finanzämter über Vermögensermittlungen und Steuerveranlagung zum 1. 1. 35 in weitem Umfange vernichtet, so daß der durchzuführende Vermögensvergleich hinsichtlich der Ausgangsgrundlage auf Schätzungen angewiesen wäre. Angesichts dieses Sachverhalts hat sich der vorliegende Gesetzentwurf für den 1. 1. 40 als Anfangsstichtag entschieden (§ 27 Abs. 1).

Für die Zuwachsabgabe ist ein Satz von 80% des Zuwachses vorgesehen (§ 26 Abs. 1). Die Zuwachsabgabe soll dann nicht erhoben werden, wenn das Endvermögen den Betrag von fünftausend Reichsmark nicht übersteigt, wobei für natürliche Personen eine Erhöhung dieses Freibetrages für Ehefrau und Kinder eintritt (§ 27 Abs. 2). Damit geht der Entwurf bis zur äußersten Grenze der den Finanzbehörden zumutbaren Arbeitsleistung, denn die Zahl der durchzuführenden Abgabe-Veranlagungen wird sich infolge dieser sehr niedrigen Freigrenze gegenüber den bisherigen Vermögenssteuer-Veranlagungen um mehrere Millionen erhöhen.

Die Zuwachsabgabe kann in voller Höhe durch Übertragung von Reichsmark-Liquidationsanteilen des Abgabepflichtigen und durch Überweisung zu Lasten seines Festkontos entrichtet werden (§ 27 Abs. 3). Hiermit wird dem volkswirtschaftlichen Sachverhalt Rechnung getragen, daß sich infolge der Besonderheiten der preisgestoppten Inflation die Vermögenszuwachsrate zwischen 1940 und dem Währungsstichtag überwiegend in Geldvermögen niedergeschlagen hat. Deshalb trat bei Ausarbeitung der Bestimmungen für die Zuwachsabgabe die Zielsetzung in den Vordergrund, in erster Linie die Reichsmark-

Liquidationsanteile der Reihe B, die aus der Demonetisierung des Geldüberhangs entstanden sind, hierdurch weitgehend wieder einzuziehen.

Die Möglichkeit, die Zuwachsabgabe durch Übertragung von Reichsmark-Liquidationsanteilen abzulösen, ist auf jene Anteile beschränkt, die im Eigentum des Abgabepflichtigen stehen. Von diesem allgemeinen Grundsatz macht der Gesetzentwurf in Absatz 4 dann eine Ausnahme, wenn sich ein Zuwachsabgabepflichtiger, der keine Reichsmark-Liquidationsanteile besitzt, mit einem nicht abgabepflichtigen Besitzer von Reichsmark-Liquidationsanteilen in freier Vereinbarung dahin einigt, daß er dem letzteren gegen Verrechnung auf Reichsmark-Liquidationsanteile eine Beteiligung an seinem Sachvermögen einräumt. In solchen Fällen kann mit Zustimmung der Westdeutschen Ausgleichskasse die Zuwachsabgabe auch in fremden Reichsmark-Liquidationsanteilen entrichtet werden.

Die Möglichkeit einer Verrentung der Zuwachsabgabe ist nur in Ausnahmefällen vorgesehen und an die Zustimmung der Westdeutschen Ausgleichskasse gebunden. Die vorgeschlagene Höhe der Verzinsung mit 4% soll gewährleisten, daß nur in seltenen, wirtschaftlich besonders gelagerten Fällen von dem Ausweg einer Verrentung Gebrauch gemacht wird (Abs. 5).

bb) Die Stammabgabe (§ 28)

Die Stammabgabe wird als einmalige Abgabe auf das Vermögen erhoben, das sich aus der Veranlagung auf den Zeitpunkt des Ablaufs des Tages vor dem Währungsstichtag in Reichsmark ergibt, wobei die nach § 27 zu zahlende Zuwachsabgabe in Berücksichtigung ihrer steuerrechtlichen Eigenschaft als „Sonderausgabe“ abgesetzt werden kann.

Hinsichtlich der Regelung des Verhältnisses zwischen Zuwachsabgabe und Stammabgabe war zu entscheiden, ob bei Ermittlung des Stammvermögens der nach § 27 zu erfassende Vermögenszuwachs oder nur die darauf zu zahlende Zuwachsabgabe abgesetzt werden sollte. Im letzteren Fall bedeutet dies eine effektive Belastung des Vermögenszuwachses mit 90%, da der bei Zahlung der Zuwachsabgabe verbleibende Rest des Zuwachses von 20% durch die 50%ige Stammabgabe noch einmal zur Hälfte weggesteuert würde. Es kann ohne gründliche statistische Erhebung nicht entschieden werden, ob diese effektive Höhe der Belastung des Zuwachses noch tragbar ist, insbesondere in Ansehung des für den Lastenausgleich allgemein aufgestellten Grundsatzes, daß, bei aller Einsicht in die Notwendigkeiten seiner Heranziehung, der Sachvermögensbesitz nach Möglichkeit nicht zerschlagen werden soll. Es müßte womöglich die besondere Lage solcher zuwachsabgabepflichtiger Personen und Unternehmungen berücksichtigt werden, die ihr Vermögen während des Krieges nahezu ausschließlich in Sachwerten angelegt bzw. in Betriebsanlagen investiert haben und zum Zeitpunkt der Währungsumstellung ohne nennenswertes Geldvermögen sind. Der Gesetzentwurf will die endgültige Entscheidung dieser Frage von dem Ergebnis der noch nicht abgeschlossenen statistischen Erhebungen abhängig machen.

Für die Veranlagung zur Stammabgabe sieht der Entwurf die gleiche Freigrenze vor wie für die Zuwachsabgabe (Abs. 2).

Auf die Stammvermögen soll eine einmalige Abgabe von 50% erhoben werden. Hinsichtlich der Modalitäten für die Entrichtung schlägt der Entwurf vor, daß grundsätzlich in Neugeld zu zahlen ist. Im Gegensatz zu der für die Zahlung der Zuwachsabgabe getroffenen Regelung mußte hier die Zielsetzung im Vordergrund stehen, der Westdeutschen Ausgleichskasse neue Mittel zuzuführen. Deshalb sollen Reichsmark-Liquidationsanteile der Reihe B nur nach Maßgabe einer Schlüsselzahl verwendet werden können, die sich aus dem Verhältnis des Geldvermögens zum gesamten Rohvermögen des Abgabepflichtigen ergibt. Damit wird erreicht, daß ein Stammabgabepflichtiger sich in Ansehung seines abgabepflichtigen Sachvermögenbesitzes nicht durch Hingabe von demonetisierten Teilen seines früheren Geldvermögens in Form der Reichsmark-Liquidationsanteile entlasten kann. Dieser Einschränkung in der Verwendbarkeit der Reihe B soll und kann für die Anteile der Reihe A nicht vorgeschrieben werden, da die Reichsmark-Liquidationsanteile der Reihe A nicht aus dem Geldsektor stammen und in den Händen jenes Kreises von Personen sind, die durch Auskehrungen der Westdeutschen Ausgleichskasse nach Maßgabe der ihr aus den Abgaben zufließenden Mittel bevorzugt bedacht werden sollen (Abs. 4).

Auch für die Stammabgabe ist eine Entrichtung an fremden Reichsmark-Liquidationsanteilen (unter Berücksichtigung der Beschränkungen aus § 28 Abs. 4) unter den gleichen Bedingungen wie bei der Zuwachsabgabe vorgesehen. Dasselbe gilt hinsichtlich der Möglichkeit einer ausnahmsweisen Verrentung (Abs. 5).

cc) Die Quellenabgabe (§ 29)

Um die in Reichsmark-Liquidationsanteilen ausgedrückten Ansprüche gegenüber der Westdeutschen Ausgleichskasse in ein angemessenes Verhältnis zu jenen Mitteln zu bringen, die als „Konkursmasse“ für Ausschüttungen zur Verfügung stehen werden, schlägt der Entwurf für die Reihe B der Reichsmark-Liquidationsanteile eine Quellenabgabe vor. Sie soll diese Liquidationsanteile unmittelbar bei ihrem buchmäßigen Entstehen in Höhe von 75% ihres Nennbetrags wieder abschöpfen. Damit wird nicht nur eine erhebliche technische Vereinfachung erzielt, sondern sichergestellt, daß es auch dort zu einer Abschöpfung von Reichsmark-Liquidationsanteilen der Reihe B kommt, wo deren Besitzer durch die im Rahmen des Lastenausgleichs durchgeführten Vermögensabgaben nicht erfaßt werden können, weil für die zu Abgaben herangezogenen Vermögen aus erhebungstechnischen Gründen Freigrenzen vorgesehen werden mußten.

Die Quellenabgabe wird bei den aus der Auflösung von Altgeldkonten herrührenden Reichsmark-Liquidationsanteilen der Reihe B drei Monate nach dem Währungsstichtag, bei den im nicht-monetären Sektor entstehenden Anteilen der Reihe B im Zeitpunkt ihrer Zuweisung durch Abzug erhoben (§ 29 Abs. 2).

Die Vorschriften über die Anrechnung der Quellenabgabe in ihrer Eigenschaft als „Vorwegabgabe" vermeiden eine Beeinträchtigung der im Vordergrund stehenden Zielsetzung, der Westdeutschen Ausgleichskasse aus den Abgaben möglichst erhebliche Neugeldmittel zuzuführen. Deshalb wird diese Quellenabgabe angerechnet, auf die Stammabgabe jedoch nur insoweit, als für die Entrichtung dieser gemäß § 28 Abs. 4 Reichsmark-Liquidationsanteile der Reihe B überhaupt verwendet werden dürfen.

Aus den gleichen Erwägungen und insbesondere mit der Zielsetzung der Westdeutschen Ausgleichskasse sobald als möglich nach erfolgter Währungssanierung Neugeldmittel zuzuführen, sieht der Gesetzentwurf vor, die Methode der Quellenabgabe auch gegenüber den Besitzern von Schuldverschreibungen anzuwenden (§ 29 Abs. 1). Für Rechnung der Abgabepflichtigen soll bei den Schuldnerinstituten solcher Schuldverschreibungen eine Vorwegabgabe erhoben werden in der Größenordnung des Betrages, um den der für die betreffenden Schuldverschreibungen zu erwartende Mindestwert in Mark 40% des Nennbetrages übersteigt. In dieser Höhe sollen Schuldverschreibungen an die Westdeutsche Ausgleichskasse übertragen werden, die damit auch in den laufenden Genuß der Verzinsung und Tilgung gelangt.

4. Leistungen der Westdeutschen Ausgleichskasse

Bei der Westdeutschen Ausgleichskasse bildet sich durch die Maßnahmen, die der vorliegende Gesetzentwurf, insbesondere zur Durchführung des Lastenausgleichs vorsieht, eine Teilungsmasse, aus der die Leistungen der Ausgleichskasse bestritten werden. Dieser Teilungsmasse werden insbesondere die Erträge der Ausgleichsabgaben (soweit deren Entrichtung nicht in Form von Reichsmark-Liquidationsanteilen erfolgt), die Neugeldbeträge aus der Entflechtung der schwebenden

Schuldverhältnisse (vgl. oben B VI) und sonstige Vermögenswerte des Reiches und der NSDAP. zugeführt. Den Aktiven der Westdeutschen Ausgleichskasse stehen als formale, in der Größenordnung festgehaltene Verpflichtungen die Nennbeträge der durch Buchung geschaffenen Reichsmark-Liquidationsanteile der Reihe A und der Reihe B gegenüber. Die Gesamtsumme dieser Liquidationsanteile wird sich durch die vorgesehene Quellenabgabe für die Reihe B und durch die verschieden abgestufte Möglichkeiten bei Ablösung der Zuwachsabgabe und der Stammabgabe, Liquidationsanteile der Kategorie A und der Kategorie B in Zahlung zu geben, erheblich verringern.

aa) Ausschüttungen von Reichsmark-Liquidationsanteilen.

Aus dieser Teilungsmasse sollen nach Maßgabe der bei der Westdeutschen Ausgleichskasse verfügbaren Mittel die Besitzer von Reichsmark-Liquidationsanteilen der Reihe A bevorzugt befriedigt werden. Da es sich in Tatsache um die Durchführung einer Art von Konkurs handelt, verzichtet der Gesetzentwurf darauf, die Westdeutsche Ausgleichskasse auf irgendwelche Quoten für diese Ausschüttungen festzulegen. Es ist deshalb auch offengelassen worden, und soll der späteren fallweisen Regelung durch ein besonderes Gesetz vorbehalten bleiben, ob nach Befriedigung der durch den Gesetzentwurf als bevorzugt erklärten Ansprüche weitere Personengruppen mit Vorrang befriedigt werden können und sollen, bevor der Rest der Teilungsmasse zu einer allgemeinen und abschließenden Auskehrung auf alle noch vorhandenen Reichsmark-Liquidationsanteile verwendet wird. Im übrigen sieht der Gesetzentwurf neben Ausschüttungen in Bargeld solche in Form von Kapitaltiteln vor.

bb) Vorzugsrenten (§§ 31, 32)

Um sozialen Gesichtspunkten bei der Gesamtkonstruktion des Sanierungsplans soweit wie möglich Rechnung zu tragen, hat der Gesetzentwurf eine Regelung ausgearbeitet, wonach Inhabern von Festkonten oder Reichsmark-Liquidationsanteilen bei nachgewiesener Bedürftigkeit und Arbeitsunfähigkeit nach Maßgabe der Größenordnung der Guthaben auf Festkonten bzw. der Reichsmark-Liquidationsanteile eine Vorzugsrente gewährt werden kann (§ 31 Abs. 1). In die Berechnung einer Vorzugsrente sollen auch jene Reichsmark-Liquidationsanteile einbezogen werden, die durch die Quellenabgabe unmittelbar wieder abgeschöpft worden sind (§ 31 Abs. 3). Die auf Grund dieser Bestimmungen auf Antrag zu gewährende Vorzugsrente darf höchstens jährlich 1500.— Mark betragen. Daneben wird durch eine weitere Grenzziehung sichergestellt, daß das Gesamteinkommen des Beziehers einschließlich der Vorzugsrente 1800.— Mark jährlich nicht übersteigen darf (§ 31 Abs. 2). Die Vorzugsrente wird von der Westdeutschen Ausgleichskasse gewährt; die Ansprüche aus ihr sind dabei im Sinne von § 30 Abs. 3 aus der Teilungsmasse mit Vorrang vorweg zu befriedigen. Der Gesetzentwurf räumt im übrigen diesen Ansprüchen aus gewährten Vorzugsrenten den Vorrang vor Ausschüttungen auf die Reichsmark-Liquidationsanteile der Reihe A ein (vgl. § 30 Abs. 3). Nach Maßgabe der Größenordnung der gewährten Vorzugsrente geht ein entsprechender Teil des Guthabens auf Festkonto oder der Reichsmark-Liquidationsanteile des Rentenberechtigten auf die Westdeutsche Ausgleichskasse über (§ 31 Abs. 4).

In ähnlicher Weise sieht der Gesetzentwurf eine Vorzugsbehandlung für die Anstalten und Einrichtungen der freien und kirchlichen Wohlfahrtspflege vor, soweit diese Aufgaben der öffentlichen Wohlfahrtsfürsorge erfüllen. Es besteht ein Interesse daran, die Fortführung dieser Leistungen sicherzustellen. Deshalb erscheint es gerechtfertigt, solchen Anstalten nach Maßgabe ihres Besitzes in Festkonten oder Reichsmark-Liquidationsanteilen aus Mitteln der Westdeutschen Ausgleichskasse eine sog. Wohlfahrtsrente zu gewähren. Die Ansprüche aus solchen Wohlfahrtsrenten stehen hinsichtlich der Rangordnung ihrer Vorwegbefriedigung aus der Teilungsmasse bei der Westdeutschen Ausgleichskasse den Vorzugsrenten an bedürftige, arbeitsunfähige Personen gleich (§ 32).

Diese Vorschläge des Gesetzentwurfes,

1. Vorzugsrenten,
2. Wohlfahrtsrenten

zu schaffen, die aus den Mitteln bei der Westdeutschen Ausgleichskasse vorzugsweise zu befriedigen sein würden, gehen von der Auffassung aus, daß überall dort, wo sonst angesichts gegebener Bedürftigkeit und Arbeitsunfähigkeit (bei Personen) und überall dort, wo die bisherigen nicht-staatlichen Leistungsträger der Wohlfahrtspflege (Anstalten und Einrichtungen der freien kirchlichen Wohlfahrtspflege) ausfallen, wo also demnach nunmehr der Staat mit Mitteln aus dem öffentlichen Haushalt ausgeschöpft werden sollte, bisher vorhandene Vermögen in geeigneter und dem System der Währungssanierung entsprechender Weise zu mobilisieren, mit der eindeutigen Zweckbindung, dadurch die öffentlichen Haushalte von Fürsorge- und Wohlfahrtsleistungen zu entlasten.

VII. Durchführung und Sicherung der Währungsreform

Jede Sanierung einer zerstörten Geldverfassung ist nicht lediglich ein in seiner Zeitdauer eng begrenzter, operativer Eingriff, sondern bedeutet einen länger andauernden Gesundungsprozeß, in welchem sich erst nach und nach der angestrebte endgültige Gleichgewichtszustand der für die Geldwirtschaft und eine stabile Währung maßgebenden volkswirtschaftlichen Faktoren einstellen wird bzw. durchsetzen lassen wird. Dies gilt besonders für die deutsche Währungsreform, bei der die monetäre Umstellung mit dem schwierigen Lastenausgleich notwendigerweise untrennbar verbunden ist. Es wird für mehrere Jahre nach der Währungsumstellung erforderlich sein, unter jederzeit bereitem und in sich aufeinander abgestimmten Einsatz aller Mittel der Währungs-, Wirtschafts- und Finanzpolitik sowie der Gesetzgebung, die Durchführung der Reform zu überwachen und überall dort, ohne gefährliche Zeitverluste aus der sonst üblichen Einschaltung der politischen Instanzen unserer demokratischen Verfassung, sofort auf dem Wege von Ausführungsverordnungen und sonstigen Maßnahmen einzugreifen, wo sich bei der praktischen Durchführung des Währungsgesetzes in Einzelfragen Lücken herausstellen, oder wo sich möglicherweise zeigt, daß die Durchführung einer im Währungsgesetz getroffenen Regelung zu vorher nicht übersehbaren Gefahren und Schädigungen führt. Die neue Währung ist im Anfang noch nicht wieder mit normaler Widerstandskraft ausgestattet und muß daher, wie ein Genesender, vor allen Gefahren besonders sorgfältig gesichert werden. Diese Gefahren sind in der ersten Zeit nach der ,,Operation“ am größten und werden mit fortschreitender Konsolidierung geringer werden.

1. Die Bank deutscher Länder

(US.-Mil.-Gessetz Nr. 60, britische Mil.-Verordnung Nr. 129)

Bei der Prüfung der Frage nach den Instanzen und Einrichtungen, die zur Bewältigung dieser wichtigen Aufgaben der Durchführung und Sicherung der Währungsreform in Betracht kommen, ist in erster Linie an die Notenbank zu denken. Nach Auflösung der früheren Reichsbank hat das US-Mil.-Gesetz Nr. 60 als Notenbank für das Vereinigte Wirtschaftsgebiet die ,,Bank deutscher Länder“ (BdL) geschaffen. Dieses Institut ist zur technischen Bewältigung der Währungsumstellung unerläßlich notwendig. Darüber hinaus sind der BdL durch das Gesetz Nr. 60 alle jene Aufgaben zur Sicherung des Geld- und Kreditsystems übertragen, die zum legitimen Tätigkeitsbereich jeder Notenbank gehören. Das vorliegende Gesetz zur Neuordnung des Geldwesens sieht dementsprechend vor, daß für die Entscheidung in allen im Gesetzentwurf behandelten Fragen, die zu dem vorher umschriebenen Aufgabenbereich einer Notenbank gehören, die BdL die zuständige Instanz sein soll (z. B. § 8 Abs. 4 und 5 Freigabe bzw. Teilfreigabe von Festkonten, § 12 Anlage- und Liquiditätsvorschriften u. a. m.).

Indessen vermag die getroffene Regelung der Zuständigkeit der BdL für die laufenden Fragen der Festigkeit und Sicherung des Geld- und Kreditsystems die oben näher umrissene Aufgabe der Durchführung und Sicherung der Währungsumstellung an sich bei weitem nicht zu erschöpfen. Handelt es sich bei der Sorge um eine Festigung und gesunde Stabilität einer schon länger bestehenden und sich im Gleichgewicht befindlichen Geldverfassung um die Erfüllung der „ordentlichen Aufgabe" jeder Notenbank, so haben die im Zusammenhang mit der Währungsumstellung und dem Neuaufbau der Geldverfassung auftauchenden Probleme und Einzelfragen ein derartiges Gewicht und sind so umfassend, daß deren Lösung weit über die normalen Aufgaben einer Notenbank hinausgeht. Es ist deshalb die Frage berechtigt, ob die BdL in ihrer Eigenschaft als Notenbank in ihren organisatorischen Fundamenten so gestaltet ist, daß die Erfüllung dieser „außerordentlichen Aufgabe" gewährleistet erscheint.

Die BdL ist nach dem Gesetz Nr. 60 als Bank der Landeszentralbanken konstruiert. Sämtliche Landeszentralbanken des Vereinigten Wirtschaftsgebietes sind an dem Grundkapital der BdL nach einem im Artikel V, Ziffer 25 näher bezeichneten Schlüssel beteiligt. Die BdL besitzt zwei Organe, den Zentralbankrat und das Direktorium. Nach Artikel IV, Ziffer 20 wird die allgemeine Geld- und Kreditpolitik der BdL sowie alle damit im Zusammenhang stehenden wichtigeren Fragen vom Zentralbankrat entschieden, während das Direktorium das ausführende Organ darstellt. Der Zentralbankrat setzt sich nach Artikel IV, Ziffer 21 aus den Präsidenten der angeschlossenen Landeszentralbanken zusammen, wozu noch der Vorsitzende des Zentralbankrats und der Präsident des Direktoriums treten. Die Präsidenten der Landeszentralbanken ihrerseits sind von den Ministerpräsidenten der Länder ernannt worden und hinsichtlich ihrer Geschäftsführung dem Verwaltungsrat ihrer Landeszentralbanken verantwortlich. Die BdL ist damit durch die Anordnungen der amerikanischen und britischen Militärregierung in teilweiser Abweichung von den deutschen Vorschlägen auf eine Grundlage gestellt worden, die sie völlig unabhängig und selbständig macht von allen politischen Organen, insbesondere von allen Instanzen, die im Vereinigten Wirtschaftsgebiet die Fragen der Wirtschafts- und Finanzpolitik zu bearbeiten und zu entscheiden haben. Der geringe Einfluß, den die Ministerpräsidenten der Länder des Vereinigten Wirtschaftsgebietes auf dem Umwege über die von ihnen eingesetzten Präsidenten der Landeszentralbanken (die im übrigen ihrem Verwaltungsrat verantwortlich sind) auf den Zentralbankrat nehmen könnten, kann in diesem Zusammenhang vernachlässigt werden, denn er ist mehr personalpolitisch relevant als sachlich zwingend und beeinträchtigt kaum die Unabhängigkeit und Selbständigkeit der

BdL in ihrer Währungspolitik. Die bei jeder Schaffung einer Notenbank grundsätzlich zu entscheidende Alternative, ob die Notenbank weitgehend unabhängig vom Staat und von der durch ihn bestimmten Wirtschaftspolitik sein soll, oder ob die Notenbank durch zwingende Bestimmungen in ihrer Organisation an die allgemeine Wirtschaftspolitik des Staates gebunden und ihr untergeordnet werden bzw. die Notenbank verstaatlicht werden soll, ist für die Notenbank des Vereinigten Wirtschaftsgebietes eindeutig und mit stärkster Betonung zugunsten der Unabhängigkeit und Selbständigkeit beantwortet worden. Die Vorteile und Nachteile, welche mit jeder der beiden grundsätzlich möglichen Lösungen für die Position einer Notenbank verbunden sind, werden in Deutschland deshalb so besonders klar erkannt und sorgfältig gegeneinander abgewogen, weil sich die Organisation der deutschen Notenbank zwischen 1924 und 1939 vom Extrem der Unabhängigkeit zum anderen Extrem der Verstaatlichung gewandelt hatte. Während das Gesetz über die Reichsbank von 1924 mit dem Satz begann: „Die Reichsbank ist eine von der Reichsregierung unabhängige Bank", bestimmte das Gesetz von 1939 einleitend: „Die Reichsbank untersteht als deutsche Notenbank der uneingeschränkten Hoheit des Reiches, sie ist dem Führer und Reichskanzler unmittelbar unterstellt."

Die Vorteile, die mit der Unabhängigkeit und Selbständigkeit der Notenbank von den Organen des Staates verbunden sind, liegen insbesondere darin, daß es dem Staat unmöglich ist, Haushaltsdefizite durch mißbräuchliche Verwendung der Notenbank auszugleichen und damit durch staatliche Mißwirtschaft die Stabilität der Währung unmittelbar zu gefährden. Indessen ist dieser Vorteil der Unabhängigkeit der Notenbank mit schwerwiegenden Nachteilen verbunden. Die Selbständigkeit der Notenbank birgt latent die Gefahr in sich, daß sie im Rahmen ihrer Aufgaben den Kurs einer eigenen Wirtschafts- und Finanzpolitik steuert, welcher nicht notwendigerweise mit der Wirtschafts- und Finanzpolitik des Staates übereinstimmt. Aus dieser fehlenden Übereinstimmung kann sich insbesondere in wirtschaftlichen Krisenzeiten, oder in Zeiten wie den heutigen, wo unmittelbar nach der Währungssanierung erst nach und nach der richtige Kurs der Wirtschafts- und Finanzpolitik angesichts der ungeheuren Schwierigkeiten mühsam erarbeitet und ertastet werden muß, sehr leicht eine gegensätzliche Währungspolitik ergeben, die die notwendige Einheitlichkeit der Wirtschafts- und Finanzpolitik schwerwiegend gefährdet. Die Verstaatlichung der Notenbank als zweite Alternative beseitigt die mögliche Gegensätzlichkeit in der Wirtschafts- und Finanzpolitik zwischen Notenbank und Staatsorganen in eindeutiger und radikaler Weise, beschwört indessen die zu allen Zeiten große Gefahr herauf, daß der Staat die ihm unterstellte Notenbank für seine eigenen Finanz- und Kreditbedürfnisse mißbraucht und durch die der Notenbank aufgezwungenen Politik die gesunde Stabilität der Währung unterhöhlt und zerstört. Für die Nachteile, die mit beiden Lösungen für die Position der Notenbank verbunden sind, gibt die Geschichte der wirtschafts- und finanzpolitischen Entwicklung von 1924—1939 und jene der Jahre von 1933—1945 überzeugenden Aufschluß.

Angesichts der schwerwiegenden Nachteile beider extremen Lösungen des Notenbankproblems liegt es nahe, eine Zwischenlösung anzustreben, nach der einerseits die Notenbank selbständig ist, sie jedoch andererseits überall dort zwingend an eine Abstimmung mit den für die Wirtschafts- und Finanzpolitik maßgebenden Organen des Staates bindet, wo ihre Währungspolitik in die umfassenderen Bereiche der Wirtschafts- und Finanzpolitik hinübergreift. Diese „mittlere" Lösung, die im Interesse einer Einheitlichkeit der Währungs-, Wirtschafts- und Finanzpolitik wünschenswert erscheint, könnte auf zwei verschiedenen Wegen verwirklicht werden.

a) Entweder man konstruiert die Organe der an sich unabhängigen und selbständigen Notenbank derart, daß die für die allgemeine Notenbankpolitik entscheidenden Organe dank ihrer personellen Zusammensetzung in sich vorweg bereits eine Abstimmung mit dem Kurs der allgemeinen Wirtschafts- und Finanzpolitik des Staates durchgeführt haben. Dies war der Zweck der deutschen Abänderungsvorschläge zu den Militärgesetzen über die Errichtung der BdL, wonach dem entscheidenden Organ des Zentralbankrats auch die Leiter bzw. Vertreter der für die Wirtschafts- und Finanzpolitik zuständigen Verwaltungen für das Vereinigte Wirtschaftsgebiet angehören sollten. Die Militärregierungen haben indessen bei Erlaß des Gesetzes über die BdL die Vorteile einer ganz eindeutigen Unabhängigkeit der Notenbank des Vereinigten Wirtschaftsgebietes von allen direkten Einflüssen der politischen Organe des Staates höher veranschlagt als die oben geschilderten Vorzüge dieser Zwischenlösung.

b) Oder, da indessen auch bei dieser Konstruktion der Notenbank die Aufgabe bestehen bleibt, organisatorische Vorkehrungen zur Sicherung der Einheitlichkeit der gesamten Währungs-, Wirtschafts- und Finanzpolitik zu treffen, empfiehlt sich eine zweite mögliche Lösung: Der Vorgang der Abstimmung des Kurses zwischen Notenbank und den Organen des Staates wird organisatorisch außerhalb der Notenbank und ihrer Organe vorgenommen. Das bedeutet mit anderen Worten die Schaffung einer staatlichen Instanz, die unter weitgehender Wahrung einer selbständigen Stellung, überall dort und immer dann zwingend eingeschaltet ist, wo die Notenbank in Erfüllung ihrer Aufgaben über den engen Rahmen der normalen Währungspolitik hinausgeht und in die allgemeinen Probleme der Wirtschafts- und Finanzpolitik gestaltend eingreift.

2. Das Währungsamt (§§ 37, 38)

Der vorliegende Gesetzentwurf sieht im Hinblick auf die Konstruktion der BdL, mit der stark unterstrichenen Unabhängigkeit und Selbständigkeit von allen politischen Organen des Vereinigten Wirtschaftsgebietes und in Verwirklichung der Überlegungen über die Möglichkeiten, die Währungspolitik mit der Staats,- Wirtschafts- und Finanzpolitik reibungslos zu verzahnen, die Schaffung eines Währungsamtes vor. Dieses Währungsamt soll vom Wirtschaftsrat errichtet werden und dem Vorsitzenden des Verwaltungsrates des Vereinigten Wirtschaftsgebietes verantwortlich sein (§ 38 Abs. 1).

Mit dem Vorschlag der Schaffung des Währungsamtes wird gleichzeitig eine befriedigende Lösung der staatsrechtlichen und gesetzgebungstechnischen Frage erreicht, welche Instanz mit der Durchführung des Gesetzes zur Neuordnung des Geldwesens beauftragt werden soll. Es ist unvermeidlich, daß im Zuge der Durchführung des Grundgesetzes eine Reihe von Ausführungsbestimmungen und Ergänzungsverordnungen erlassen werden muß. Aus staatsrechtlichen Gründen könnte diese Aufgabe des Erlasses von Verordnungen nicht an die BdL delegiert werden, da diese zwar eine Körperschaft des öffentlichen Rechts ist, jedoch keinerlei politische Verantwortung trägt.

Nach dem vorliegenden Gesetzentwurf wird deshalb der Verwaltungsrat des Vereinigten Wirtschaftsgebietes mit der Durchführung des Gesetzes und mit dem Erlaß der erforderlichen Durchführungs- und Ergänzungsverordnungen beauftragt (§ 37 Abs. 1). Im Hinblick auf die unverzichtbare Notwendigkeit, die durchzuführende Währungsreform und die neue Geldverfassung nach allen Seiten wirtschafts- und finanzpolitisch wirksam und reaktionsschnell zu sichern und abzustützen, empfiehlt der Gesetzentwurf eine Ermächtigung für den Vorsitzenden des Verwaltungsrates, im Verordnungswege Maßnahmen wirtschafts- und finanzpolitischer Art zu treffen, soweit sie im währungspolitischen Interesse dringend und ohne zeitliche Verzögerung geboten sind (§ 37 Abs. 2). Der Vorsitzende des Verwaltungsrates wird hierbei den Aufgabenbereich der BdL beachten müssen und soll, von dieser Ermächtigung nur dann Gebrauch machen, wenn rasches Handeln im währungspolitischen Interesse unerläßlich ist und die Einbringung eines entsprechenden Gesetzes auf dem normalen Wege beim Wirtschaftsrat nach seinem pflichtgemäßen Ermessen mit derartigen zeitlichen Verzögerungen verbunden wäre, daß die Währungsreform bzw. die neue Währung ernstlich gefährdet werden würde. Macht der Vorsitzende des Verwaltungsrates von dieser Ermächtigung Gebrauch, so hat er derartige Verordnungen nachträglich dem Wirtschaftsrat und dem Länderrat, als den beiden für die Gesetzgebung zuständigen politischen Instanzen, zur Billigung vorzulegen und gegebenenfalls auf deren Verlangen wieder aufzuheben (§ 37 Abs. 3). Der Gesetzentwurf glaubt, daß hiermit dieses Ermächtigungsrecht für den Vorsitzenden des Verwaltungsrates im Sinne einer parlamentarischen Demokratie ausreichend begrenzt ist, ohne indessen die Möglichkeit raschen und verantwortungsvollen Handelns zu verbauen.

Der Vorsitzende des Verwaltungsrates bedient sich zur Vorbereitung und Ausarbeitung der Maßnahmen, die ihm nach § 37 des vorliegenden Gesetzentwurfes obliegen sollen, des Währungsamtes. Das Währungsamt wird von einem aus drei Mitgliedern bestehenden Direktorium geleitet. Die Mitglieder des Direktoriums sollen vom Vorsitzenden des Verwaltungsrates ernannt und abberufen werden (s. § 38 Abs. 1). Der Gesetzentwurf entschied sich für ein mehrköpfiges Direktorium des Währungsamtes aus der grundsätzlichen Erwägung, daß die zu lösenden währungs-, wirtschafts- und finanzpolitischen Fragen so schwerwiegend und umfassend sein werden, daß es geraten erscheint, hier nicht eine Einzelperson mit der gesamten Verantwortung zu belasten und keiner Einzelperson die alleinige Entscheidungsfreiheit in die Hand zu geben, sondern in einem mehrköpfigen Gremium die zur Entscheidung heranstehenden Fragen bereits im frühen Stadium der Beratung intern abgleichen und divergierende Ansichten über mehrere mögliche Lösungen sich ausgleichen zu lassen, bevor sie als Entwurf zu einer Verordnungs- oder Ausführungsbestimmung Gestalt gewinnen und dem Vorsitzenden des Verwaltungsrates zum Vollzug vorgelegt werden.

Das Direktorium des Währungsamtes soll aus seiner Mitte heraus einen geschäftsführenden Vorsitzenden mit der Amtsbezeichnung „Präsident des Währungsamtes" bestimmen. Im Interesse der notwendigen Verzahnung der Währungspolitik mit der allgemeinen Wirtschafts- und Finanzpolitik ist vorgesehen, daß der Präsident des Währungsamtes an den Sitzungen des Verwaltungsrates teilnimmt und ferner das Recht hat, vom Wirtschaftsrat, vom Länderrat sowie vom Zentralbankrat der BdL gehört zu werden (§ 38 Abs 2). Zur weiteren Untermauerung und Gewährleistung einer einheitlichen Wirtschafts- und Finanzpolitik aller politischen Instanzen im Vereinigten Wirtschaftsgebiet und der BdL wird vorgeschlagen, beim Währungsamt ein Kuratorium zu bilden, dem neben den Vorsitzenden des Zentralbankrates die stellvertretenden Direktoren der Verwaltungen für Finanzen, Wirtschaft, Ernährung und Landwirtschaft (und Arbeit, sobald diese

Verwaltung gebildet worden ist) angehören sollen (§ 38 Abs. 3). Unter dem Vorsitz des Präsidenten des Währungsamtes soll dieses Kuratorium zu allen Maßnahmen währungs-, wirtschafts- und finanzpolitischer Art gehört werden, bevor das Währungsamt in Erfüllung seiner Aufgaben nach § 38 Abs. 1 dem Vorsitzenden des Verwaltungsrates Vorschläge für den Erlaß von Ausführungs- und Ergänzungsverordnungen zum Gesetz zur Neuordnung des Geldwesens oder von Verordnungen sonstigen wirtschafts- und finanzpolitischen Inhalts macht, die zur Durchführung der Währungsreform und zur Sicherung der neuen Währung erforderlich sind.

Mit dieser Konstruktion des Währungsamtes wird die Lücke in der gesamten Wirtschafts- und Finanzpolitik geschlossen, die dadurch entstanden ist, daß man sich bei der Schaffung der BdL als Notenbank aus wohlerwogenen Gründen dazu entschlossen hat, diese Bank in voller Selbständigkeit und Unabhängigkeit von allen politischen Instanzen zu schaffen und dabei den Verzicht auf die Koordination mit der staatlichen Wirtschafts- und Finanzpolitik in Kauf zu nehmen. Es wird erreicht, daß die Geld- und Kreditpolitik der BdL, die vom Zentralbankrat bestimmt wird, in laufender und organisatorisch zwingender Fühlungnahme mit den für die allgemeine Wirtschafts- und Finanzpolitik zuständigen Fachverwaltungen der politischen Ebene abgestimmt wird und daß alle währungs-, wirtschafts- und finanzpolitischen Maßnahmen, die zum Zuständigkeitsbereich des Vorsitzenden des Verwaltungsrates gehören, vorher im Kuratorium des Währungsamtes unter Beteiligung aller Fachverwaltungen des Vereinigten Wirtschaftsgebietes und des Zentralbankrates durchberaten werden, bevor sie in Gestalt von Vorschlägen seitens des Währungsamtes an den Vorsitzenden des Verwaltungsrates gelangen. Damit erscheint organisatorisch alle denkbare Gewähr für eine einheitliche Linie der gesamten Währungs-, Wirtschafts- und Finanzpolitik gegeben.

Der Gesetzentwurf sieht in Ansehung der besonderen Wichtigkeit der Gesetzesmaßnahmen, zu denen der Vorsitzende des Verwaltungsrates nach § 37 beauftragt bzw. ermächtigt ist, und mit Rücksicht auf die Bedeutung der Stellung, die die drei Mitglieder des Direktoriums des Währungsamtes nach § 38 besitzen, vor, daß alle Verordnungen des Vorsitzenden des Verwaltungsrates, dem Zweizonen-Kontrollamt vorzulegen sind, bzw. daß die Ernennung und Abberufung der Mitglieder des Direktoriums des Währungsamtes der Bestätigung durch das Zweizonen-Kontrollamt bedürfen.

VIII. Sozialpolitische und psychologische Notwendigkeiten für das Gelingen der Währungsreform

Der Ausgangspunkt für alle weiteren Überlegungen zur Lösung der Aufgabe der deutschen Wirtschaft eine gesunde Ordnung zu schaffen und daraufhin die zukünftige Wirtschafts- und Finanzpolitik abzustimmen, ist ein erfolgreiches Gelingen der Währungsreform. Es ist allseits bekannt und wird durch die Geschichte des Geldes während der letzten Jahrhunderte mit zahlreichen Fällen belegt, daß für das Gelingen oder Mißlingen einer Währungsreform die gesetzestechnische und geldwirtschaftliche Güte und Wohlabgewogenheit der getroffenen Maßnahmen keineswegs in erster Linie ausschlaggebend gewesen sind. Es kommt vor allem darauf an, daß es gelingt, das Vertrauen der Bevölkerung in das neugeschaffene Geld zu erwecken bzw. das zerstörte Vertrauen wieder herzustellen. Ohne Wiederherstellung des Vertrauens muß jede technisch noch so gute Währungsreform und noch so konsequente Währungspolitik zum Scheitern verurteilt sein. Da die breiten Schichten des Volkes eine verhältnismäßig geringe Kenntnis und Einsicht der währungs- und wirtschaftpolitischen Probleme besitzen, ist die Wiederherstellung des Vertrauens weniger eine Frage gesetzestechnisch guter Vorschriften als vielmehr eine psychologische Aufgabe. Hinzu kommt bei der deutschen Bevölkerung die noch lebendige Erinnerung an die Inflationszeit der Jahre 1919—1923 und an die schweren Verluste im Zuge der damaligen Stabilisierung. Außerdem ist das Vertrauen in die staatliche Autorität durch die Erlebnisse und Erfahrungen während des Naziregimes, während des zweiten Weltkrieges und nicht zuletzt während der nach dem Zusammenbruch vergangenen drei Jahre des wirtschaftlichen Niederganges erheblich erschüttert und untergraben worden. In der schwerwiegenden, aus dem Gleichgewicht gebrachten psychologischen Verfassung der breiten Massen des deutschen Volkes wird das durch ein wohlabgewogenes Gesetz zur Neuordnung des Geldwesens gesäte Samenkorn des Vertrauens nur dann aufwachsen können, wenn es gelingt, die Bevölkerung zu überzeugen, daß ihr nur jene Opfer zugemutet werden, die unabdingbar sind, und daß diese Opfer sozial gerecht verteilt worden sind. Das deutsche Volk wird indessen nur dann bereit sein, die Notwendigkeit der schweren Opfer anzuerkennen und das Sanierungswerk durch erneuten Vertrauensbeweis in das neugeschaffene Geld unterstützen, wenn man es zu überzeugen versteht, daß dank der gebrachten Opfer eine neue gediegene Grundlage für den Wiederaufbau und für eine gesunde Währungs-, Wirtschafts- und Finanzpolitik geschaffen ist. Auch hierin muß die staatliche Autorität bei den breiten Schichten des Volkes um einen Vertrauenskredit nachsuchen, denn diese vermögen mit wenigen Ausnahmen aus eigener Kenntnis nicht zu beurteilen, ob die ihnen auferlegten Lasten ausreichend Gewähr für eine neue Ordnung bieten.

Der vorliegende Gesetzentwurf hat aus diesen Erwägungen mit besonderer Sorgfalt alle jene Einzelmaßnahmen erwogen und ausgearbeitet, die geeignet sind, soziale Härten zu mildern und durch Berücksichtigung sozialer Gesichtspunkte für ein psychologisches Verständnis der Währungsreform und für ein Vertrauen in das neue Geld zu werben.

Allgemein ist zu unterstreichen, daß die im Gesetzentwurf vorgesehene geringe Quote, mit der Altgeld in Neugeld umgewandelt werden soll, in dem hier verstandenen Sinne sozialen Rücksichten Rechnung trägt. Denn:

a) Die im Verhältnis zur Arbeitsleistung umgerechnete Verteilung des Geldvermögens schon während der Zeit des Naziregimes, aber insbesondere als Auswirkung der letzten drei Jahre nach dem Zusammenbruch, wird weitgehend beseitigt. Es wird nur ein geringer Teil des Geldbesitzes in neues kaufkräftiges Geld umgewandelt (5% sofort, weitere 15% nur bedingt). Diese scharfe Kontraktion der Geldvermögen zwingt gerade jene Gruppen innerhalb der Wirtschaft zur Auflösung der gehorteten Warenlager, die diese in den letzten Jahren auf Kosten der breiten Schichten der arbeitenden Bevölkerung angesammelt haben, die trotz aller Arbeitsleistung nicht mehr in der Lage waren, mit dem „schlechten" Geld ihre Bedürfnisse als Konsumenten zu befriedigen.

b) Gleichzeitig bedeutet die scharfe Geldkontraktion unter Beibehaltung des derzeitigen Lohn- und Gehaltsniveaus, daß die arbeitende Bevölkerung in ihrer Kaufkraft gegenüber dem bisherigen Zustand erheblich gestärkt wird. Jede Mark Arbeitseinkommen in Neugeld bedeutet die volle Freiheit der Disposition und Befriedigung der Bedürfnisse, so daß sich Nominal- und Reallohn wieder decken werden. Für die weiten Schichten der arbeitenden Bevölkerung hat doch das Arbeitseinkommen nur dann seinen befriedigenden Sinn, wenn die empfangenen Geldeinheiten aus sich heraus ohne die Notwendigkeit eines Bezugscheines oder anderer Bedürfnisnachweise den Besitzer in die Lage versetzt, alles das an Gütern zu kaufen, was er zur Erhaltung seiner Arbeitskraft und zu einer bescheidenen Befriedigung seiner sonstigen Wünsche bedarf.

Im übrigen sieht der Entwurf noch eine Reihe von Einzelmaßnahmen vor, bei deren Ausarbeitung insbesondere sozialen Gesichtspunkten Rechnung getragen worden ist. Sie werden nachstehend nochmals zusammengestellt:

1. Kopfbetrag (§ 4)

Der Kopfbetrag von M 50.— pro Person wird nicht auf die Quote angerechnet. Die breitesten Schichten der arbeitenden Bevölkerung erhalten damit für RM 50.— Altgeld einen Umtausch im Verhältnis von 1:1. Bei Besitzern größerer Geldvermögen wird das Ergebnis, 50 Mark in Neugeld zu erhalten, erst bei Hingabe von RM 1000.— Altgeld erreicht. Es ist damit eine sozial erwünschte Bevorzugung der ganz kleinen Geldvermögen erreicht.

2. Sonderregelung für kleine Altgeldguthaben (§ 6 Abs. 4)

Kleinere Altgeldguthaben von RM 500.— werden im Verhältnis 2:1 in Festkonto umgewandelt, soweit es sich um wirkliche Sparguthaben handelt.

3. Rückzahlung kleiner Schuldbeträge nach dem Währungsstichtag (§ 15 Abs. 7)

Kleine Schuldbeträge von RM 200.— können bis sechs Tage nach dem Währungsstichtag in Altgeldnoten und Münzen zurückgezahlt werden. Diese Vorschrift ermöglicht eine außerordentlich erleichterte Entflechtung der kleinen persönlichen Schulden bei der großen Masse der arbeitenden Bevölkerung.

4. Umstellung der Löhne, Gehälter und Pensionen auf die neue Geldeinheit (§ 15 Abs. 9)

Der Gesetzentwurf sieht grundsätzlich die Umstellung der Löhne, Gehälter und Pensionen usw. im Verhältnis 1:1 vor. Mit anderen Worten, die bisherigen Arbeitseinkommen in Reichsmark werden grundsätzlich nach dem Währungsstichtag in voller Höhe in neuer Mark weiterbezahlt.

5. Umstellung der Sozialversicherung (§ 21)

Alle Ansprüche aus der Sozialversicherung werden ebenfalls im Verhältnis 1:1 auf die Neugeldeinheit umgestellt.

6. Ausgabe von zwei verschiedenen Kategorien von Reichsmark-Liquidationsanteilen (§ 30 Abs. 1 und 3)

Die Ausgabe von Reichsmark-Liquidationsanteilen in zwei verschiedenen Kategorien dient dem Zweck der bevorzugten Ausschüttung an jene Kreise der Bevölkerung, die aus sozialen Gründen einen Vorrang erhalten sollen. Dies gilt insbesondere für Flüchtlinge.

7. Vorzugsrente (§ 31 f.)

Bedürftigen und arbeitsunfähigen Inhabern von Festkonten und Reichsmark-Liquidationsanteilen kann auf Antrag eine Vorzugsrente aus Mitteln der Westdeutschen Ausgleichskasse gewährt werden. Damit wird einem Erfordernis sozialer Gerechtigkeit nachgekommen, weil verhindert wird, daß arbeitsunfähige bedürftige Personen wegen des Verlustes ihrer Geldvermögen im Zuge der Währungsreform der öffentlichen Fürsorge sofort zur Last fallen. Diese sollen vielmehr durch die vorgesehene Vorzugsrente insoweit von den Lasten aus der Währungsreform befreit werden, als blockierte Altgeldvermögen bei der Westdeutschen Ausgleichskasse als Grundlage für eine Rente in Verrechnung gegeben werden können).

8. Nachzahlung von Löhnen und Gehältern (§ 34)

Um soziale Ungerechtigkeiten im Zusammenhang mit der Bestimmung des Währungsstichtages nach Möglichkeit zu vermeiden, sieht § 34 vor, daß im Wege eines billigen Ausgleiches die für einen nach dem Währungsstichtag liegenden Zeitraum ausgezahlten Löhne und Gehälter in Altgeld teilweise wieder zurückgenommen werden und erneut in Neugeld auszuzahlen sind (hinsichtlich der näheren Regelung wird auf den Text von § 34 verwiesen).

Anlage 1

1. Sonderregelung für die Postscheckkonten (§ 6 Abs. 3)

Hinsichtlich der in § 6 des Gesetzes vorgesehenen Auflösung der Altgeldkonten in Freikonten, Festkonten und Reichsmark-Liquidationsanteile ist es aus organisations- und buchungstechnischen Gründen erforderlich, für die Postscheckämter eine abweichende Regelung zu treffen, die indessen nur technisches Gewicht hat. Die Buchungsorganisation der Postscheckämter ist nicht in der Lage, die Aufspaltung der Altgeldkonten in drei verschiedene Konten durchzuführen. Es wird daher vorgesehen, daß die Postscheckämter die Altgeldkonten in nur zwei Konten umwandeln; 1. das bei ihnen weiterzuführende

Freikonto in Höhe von 5 vom Hundert und 2. das Konto „gesperrtes Altgeld" in der Größenordnung von 95 vom Hundert. Dieses letztere Konto ist binnen Monatsfrist auf ein vom berechtigten Kunden zu bezeichnendes Kreditinstitut zu überweisen, welches dann von sich aus die weitere Trennung in das Festkonto mit 15 vom Hundert des ursprünglichen Altgeldguthabens beim Postscheckamt und in einen Reichsmark-Liquidationsanteil von 80 vom Hundert des ursprünglichen Guthabens vornimmt. Mit dieser Regelung wird den besonderen buchungstechnischen Schwierigkeiten bei den Postscheckämtern Rechnung getragen, ohne daß den Kunden bei der Umwandlung ihrer Altgeldkonten irgendwelche Vorteile oder Nachteile erwachsen.

Die vorstehende Regelung macht es erforderlich, die von den Postscheckämtern bei den Landeszentralbanken unterhaltenen Girokonten so auszustatten, daß 95% der bei den Postscheckämtern unterhaltenen Altgeldguthaben an andere Kreditinstitute überwiesen werden können. Demgemäß verpflichtet § 13 Abs. 2 die Landeszentralbanken, von der Hauptverwaltung für Post- und Fernmeldewesen, sofern deren flüssige Mittel für eine entsprechende Ausstattung der Girokonten der Postscheckämter nicht ausreichen, Vermögenswerte der in § 10 Abs. 1 bezeichneten Art, d. h. in der Hauptsache einen Teil der anteilmäßig auf die Westzonen entfallenden Forderungen der Reichspost gegen das Reich, gegen Gutschrift auf Girokonto zu übernehmen. Die Entscheidung darüber, inwieweit dies erforderlich ist, soll von der BdL getroffen werden. Die Erhöhung der Giroguthaben des Kreditgewerbes bei den Landeszentralbanken, die sich als Endeffekt dieser Transaktionen ergibt, wird im Zuge der Bereinigung der Bankbilanzen zum größten Teil, d. h. in Höhe von 80% der Altgeldverbindlichkeiten der Postscheckämter, wieder zum Verschwinden gebracht (vgl. § 10 Abs. 1 und 2). Der Restteil des Betrages, um den sich die Giroguthaben der Kreditinstitute bei den Landeszentralbanken infolge der Verlagerung des demonetisierten Teiles der Reichsmarkverbindlichkeiten der Postscheckämter auf das Kreditgewerbe erhöht haben, wird durch die in § 12 vorgesehenen Anlage- und Liquiditätsvorschriften gebunden (vgl. hierzu Abschnitt IIb, Ziffer 2 der Bemerkungen).

2. Sonderregelung für kleine Altgeldguthaben (§ 6 Abs. 4)

Der Gesetzentwurf sieht aus sozialen Gesichtspunkten eine bevorzugte Sonderregelung für alle Altgeldguthaben vor, die sich zur Zeit der Währungsumstellung auf nicht mehr als RM 500.— belaufen und diesen Betrag auch nachträglich nicht überschreiten. Nach Ablauf von drei Monaten nach dem Währungsstichtag sollen diese Kleinsparkonten in Höhe von 50 vom Hundert ihres Nennbetrages in Festkonten umgewandelt werden. Die restlichen 50 vom Hundert unterliegen der endgültigen Streichung. Angesichts der großen Zahl der bei den Kreditinstituten geführten Konten, insbesondere vieler kleiner Sparkonten mit Splitterbeträgen, bedeutet diese aus sozialen Rücksichten vorgeschlagene Sonderregelung gleichzeitig eine außerordentliche Arbeitsersparnis und Vereinfachung für die durch die gesamten Maßnahmen der Währungsumstellung stark belasteten Kreditinstitute.

Insoweit, als sich die Verbindlichkeiten der Kreditinstitute infolge der Streichung von 50% der kleinen Altgeldguthaben verringern, haben die Kreditinstitute gemäß § 10 Abs. 1 entsprechende Vermögenswerte auf die Westdeutsche Ausgleichskasse zu übertragen (vgl. Abschnitt IIb, Ziffer 1 der Bemerkungen).

Anlage 2

Entwurf

Anweisung der Landeszentralbanken an die Kreditinstitute betreffend kurzfristige Betriebsmittelkredite

Infolge der Umwandlung von 80% der bisherigen Bankguthaben in Reichsmark-Liquidationsanteile und infolge der Festschreibung von weiteren 15% auf Festkonten, wird sich die Nachfrage nach kurzfristigen Betriebsmittelkrediten in der ersten Zeit nach der Währungsumstellung außerordentlich verstärken und zusammendrängen. Diesen Anforderungen, die fast ausnahmslos schnelle Entscheidungen erfordern, wird der Kreditapparat nur bei Anspannung aller Kräfte gewachsen sein. Die dem Kreditgewerbe gestellte Aufgabe ist um so schwieriger, als die Kreditinstitute infolge der langanhaltenden Geldflüssigkeit die Fühlung mit der Wirtschaft weitgehend verloren haben und infolgedessen den gegenwärtigen Stand und die Kreditwürdigkeit der an sie mit Kreditanträgen herantretenden Unternehmungen in vielen Fällen nicht mehr ohne weiteres zu beurteilen vermögen.

Es muß unter allen Umständen vermieden werden, daß deshalb Kredite verweigert werden, deren Gewährung zur Inganghaltung der Produktion und des Warenumschlags unumgänglich notwendig ist. Das Gelingen der Währungsreform hängt davon ab, daß die Kreditinstitute dieser Situation in vollem Umfang Rechnung tragen und vorerst Erwägungen über die Bonität der an sie mit Kreditanträgen herantretenden Unternehmungen zugunsten von Erwägungen über die volkswirtschaftlich richtige Verwendung der Kreditvaluta zurückstellen. Darüber hinaus dürfen und sollen die Kreditinstitute in der Übergangszeit ihre Kreditbereitschaft nicht von Liquiditätsrücksichten oder Erwägungen über die Höhe des in Anspruch genommenen Diskontrahmens abhängig machen.

Wir werden unsererseits alles tun, um den Kreditinstituten während der Übergangszeit eine liberale Kreditpolitik zu erleichtern. Neben der bereitwilligsten Rediskontierung echter Warenwechsel werden wir während der Übergangszeit auch eigene Wechsel (Art. 75 der Wechselordnung) unter bestimmten Voraussetzungen zum Rediskont annehmen.

Nachstehend geben wir Ihnen die Bedingungen bekannt, unter denen wir eigene Wechsel, Handelswechsel und Bankakzepte zu diskontieren bereit sind.

1. Eigene Wechsel

a) Eigene Wechsel mit einer Laufzeit von höchstens drei Monaten, die von einem Kreditinstitut angekauft worden sind, werden von uns unter Verzicht auf die sonst geforderte dritte Unterschrift zum Rediskont angenommen, sofern uns ausreichende Nebensicherheiten gegeben werden. Als Nebensicherheit gilt auch die Verpfändung von Stabilisierungsanleihe gleichen Nennwertes (vgl. unsere Rundverfügung Nr. . . ., auf Grund deren Sie gehalten sind, einen bestimmten Teil der Einlagen Ihrer Kunden auf Festkonten in der gemäß § 14 des Gesetzes zur Neuordnung des Geldwesens begebenen Stabilisierungsanleihe anzulegen). Solange das uns eingeräumte Pfandrecht noch nicht rechtswirksam geworden ist, weil Sie noch nicht in den Besitz der Stabilisierungsanleihe gelangt sind, werden wir einen entsprechenden Teil Ihres Giroguthabens bei uns sperren.

b) Während einer Übergangszeit, deren Beendigung von der Bank Deutscher Länder mindestens drei Monate vorher bekanntgegeben wird, können sich die Kreditinstitute wegen ihrer Wechselforderungen aus den Festkonten ihrer Wechselschuldner im Wege der Aufrechnung befriedigen, wenn und soweit diese Ansprüche nicht anderweitig beigetrieben werden können (§ 8, Abs. 3 des Gesetzes zur Neuordnung des Geldwesens). Die Aufrechnung bedarf unserer Genehmigung. Die Genehmigung wird stets erteilt werden, wenn das Kreditinstitut beim Ankauf des eigenen Wechsels die nachstehend zu d) niedergelegten kreditpolitischen Richtlinien nicht grob fahrlässig außer acht gelassen hat. — Soweit sich die Verbindlichkeiten eines Kreditinstituts aus Einlagen auf Festkonten infolge von Aufrechnungsvorgängen der vorstehenden Art vermindern und soweit demgemäß der Bestand an Stabilisierungsanleihe den Betrag überschreitet, in dessen Höhe das Kreditinstitut gemäß unserer Rundverfügung Nr. . . . Stabilisierungsanleihe zu halten hat, sind wir bereit, einen entsprechenden Teil der Stabilisierungsanleihe zum Nennbetrag zuzüglich der aufgelaufenen Zinsen zurückzukaufen.

c) Wenn und soweit ein Kreditinstitut nicht in der Lage sein sollte, zu Protest gegangene eigene Wechsel ihrer Kunden, die es an uns rediskontiert hatte, einzulösen, sind wir bereit, die uns verpfändete Stabilisierungsanleihe hierfür zum Nennbetrag in Zahlung zu nehmen. Dies gilt auch dann, wenn dadurch der Bestand an Stabilisierungsanleihe unterschritten wird, den Sie gemäß unserer Rundverfügung Nr. . . . zu halten haben. Der Bestand an Stabilisierungsanleihe ist jedoch wieder entsprechend aufzufüllen, wenn wir Ihnen die Genehmigung zur Aufrechnung mit dem Festkonto des Wechselschuldners versagen oder wenn und soweit Sie wegen Ihres Regreßanspruches aus dem Rückwechsel nachträglich in anderer Weise als durch Aufrechnung mit dem Festkontoguthaben des Wechselschuldners Befriedigung erlangen.

d) Die uns zum Rediskont vorgelegten eigenen Wechsel sollen der Finanzierung der Fertigung von Konsumgütern dienen, von denen auch unter Berücksichtigung der veränderten geldwirtschaftlichen Verhältnisse und der bestehenden Kapitalknappheit mit Sicherheit angenommen werden kann, daß sie spätestens binnen drei Monaten seit der Rediskontierung ohne erhebliche Verluste abgesetzt werden können. Eigene Wechsel, die der Finanzierung der Herstellung von Produktionsmitteln dienen, können nur in Ausnahmefällen und unter Anlegung eines besonders strengen Maßstabes in bezug auf ihre baldige verlustfreie Absetzbarkeit zum Rediskont zugelassen werden. Eigene Wechsel, die der Durchhaltung von Warenlagern und nicht betriebsnotwendigen Vorräten an Rohstoffen und Halbfabrikaten dienen, sollen nicht zum Rediskont vorgelegt werden. Wir behalten uns vor, von uns zum Rediskont hereingenommene eigene Wechsel, die den vorstehenden Bedingungen nicht entsprechen, auch vor Verfall an Sie zurückzugeben. Für die Einlösung solcher Rückwechsel durch Sie und für die Beitreibung derselben gelten die Bestimmungen zu b) und c) entsprechend.

2. Bankakzepte

a) Wechsel mit einer Laufzeit von höchstens drei Monaten, die ein Kreditinstitut zur Refinanzierung von Kleinkrediten auf ein anderes Kreditinstitut gezogen hat, können unter folgenden Voraussetzungen an uns rediskontiert werden. Dem Bankakzept muß eine von dem Aussteller des Wechsels unterschriebene Liste der zugrunde liegenden Kleinkredite beigefügt sein. Die Liste muß die Namen, die Anschriften, den Beruf oder das Gewerbe der Kreditnehmer, den Zweck, die Fälligkeitstermine und die Einzelbeträge der gewährten Kleinkredite enthalten. Die zugrunde liegenden Kleinkredite dürfen im Einzelfalle nicht mehr als 500.— Mark betragen und nicht später als das Akzept fällig sein. Das Kreditinstitut, das den Wechsel gezogen hat, muß auf der Liste bescheinigen, daß es von den Kreditnehmern die Versicherung erhalten hat, daß die Kreditinstitute den oben zu 1 d und/oder den unten zu 3 b bezeichneten Voraussetzungen entsprechen. Der Bescheinigung des Kreditinstitutes ist ferner die Erklärung hinzuzufügen, daß das Kreditinstitut keinen Grund zu der Annahme hat, daß die Versicherungen der Kreditnehmer nicht der Wahrheit entsprechen.

Um die Gewährung solcher Kleinkredite zu erleichtern, bestimmt Art. IV der Ersten Durchführungsverordnung zum Gesetz zur Neuordnung des Geldwesens, daß ein Kreditinstitut, wenn und soweit es wegen seiner Ansprüche aus Kleinkrediten der vorbezeichneten Art keine anderweitige Befriedigung erlangen kann, mit Zustimmung der zuständigen Landeszentralbank berechtigt ist, gegen die Guthaben, welche die säumigen Kreditnehmer bei ihm auf Festkonto unterhalten mit diesen Ansprüchen aufzurechnen. Der Zeitpunkt, zu dem diese Aufrechnungsbefugnis der Kreditinstitute wegfällt, wird von der BdL ebenfalls mindestens drei Monate vorher öffentlich bekannt gemacht werden. Die Genehmigung zur Aufrechnung wird von uns stets erteilt werden, wenn das Kreditinstitut die kreditpolitischen Richtlinien zu 1d und 3b nicht grob fahrlässig außer acht gelassen hat. Wenn und soweit sich die Verbindlichkeiten eines Kreditinstitutes aus Einlagen auf Festkonten infolge von Aufrechnungsvorgängen der vorstehenden Art vermindern und demgemäß der Bestand an Stabilisierungsanleihe den Betrag überschreitet, in dessen Höhe das Kreditinstitut gemäß unserer

Rundverfügung Nr. . . . Stabilisierungsanleihe zu unterhalten hat, sind wir bereit, entsprechende Teile der Stabilisierungsanleihe zum Nennbetrag zuzüglich der aufgelaufenen Zinsen zurückzukaufen.

b) Bankakzepte mit einer Laufzeit von höchstens einem Monat, die aus Ziehungen eines Kreditinstitutes auf ein anderes Kreditinstitut herrühren, ohne daß die Voraussetzungen zu a) vorliegen, können uns zum Rediskont vorgelegt werden, wenn dem Rediskontantrag eine Versicherung des Ausstellers beigefügt wird, daß er den Wechsel zur Refinanzierung von kurzfristigen Betriebsmittelkrediten gezogen hat, die er solchen Kreditnehmern, deren Beruf oder Gewerbe nicht in der Herstellung oder Verteilung von Gütern besteht, zur Ermöglichung von Lohnzahlungen und sonstigen unaufschiebbaren Betriebsausgaben gewährt hat. Die Rediskontierung von Bankakzepten dieser Art wird mit dem Ablauf des (1 Monat nach Tag 1) eingestellt. Die Entscheidung über die Rediskontierung von Bankakzepten nach diesem Zeitpunkt behalten wir uns in jedem einzelnen Falle vor.

c) Bankakzepte mit einer Laufzeit von höchstens drei Monaten, die aus Kundenziehungen für Zwecke der Exportfinanzierung herrühren, werden von uns zum Rediskont entgegengenommen, wenn neben dem Akzeptanten mindestens eine andere als zahlungsfähig bekannte natürliche oder juristische Person haftet.

3. Handelswechsel

a) Handelswechsel, aus denen drei als zahlungsfähig bekannte Verpflichtete haften, können uns unter den zu b) bezeichneten Voraussetzungen zum Rediskont vorgelegt werden, sofern sie spätestens in drei Monaten fällig werden; in besonderen Ausnahmefällen sind wir auch zur Rediskontierung solcher Handelswechsel mit einer Laufzeit bis zu sechs Monaten bereit. Ist die Einlösung eines mit mindestens drei Unterschriften versehenen Handelswechsels durch eine Nebensicherheit oder in sonstiger Weise gewährleistet, so kann er auch dann zum Rediskont zugelassen werden, wenn die Zahlungsfähigkeit nur in bezug auf zwei aus dem Wechsel Verpflichtete einwandfrei feststeht.

b) Die Handelswechsel müssen der Finanzierung des Erwerbs von Waren dienen, von denen auch unter Berücksichtigung der veränderten geldwirtschaftlichen Verhältnisse und der bestehenden Kapitalknappheit mit Sicherheit angenommen werden kann, daß sie oder die Erzeugnisse, die der Erwerber aus ihnen herzustellen beabsichtigt, binnen kurzer Zeit ohne erhebliche Verluste abgesetzt werden können. Handelswechsel, die der Beschaffung von Produktionsmitteln sowie von Roh- und Hilfsstoffen zur Herstellung von Produktionsmitteln dienen, können nur bei Anlegen eines besonders strengen Maßstabes in Bezug auf die vorstehenden Erfordernisse zum Rediskont zugelassen werden. Wir behalten uns vor, von uns zum Rediskont hereingenommene Handelswechsel, bei denen sich herausstellt, daß sie den vorstehenden Bedingungen nicht entsprechen, auch vor Verfall an Sie zurückzugeben. Hinsichtlich Ihrer Befugnis, sich wegen Ihrer Regreßansprüche gegen die Wechselschuldner aus deren Festkonten bei Ihnen im Wege der Aufrechnung zu befriedigen, gilt das zu 1b Gesagte entsprechend.

Wir weisen ausdrücklich darauf hin, daß es sich bei den erleichterten Refinanzierungsmöglichkeiten, die wir Ihnen im vorstehenden eröffnet haben, insbesondere bei dem Rediskont von eigenen Wechseln, beim Rediskont von Bankakzepten zur Refinanzierung von Kleinkrediten, beim Rediskont von kurzfristigen Bankakzepten in den Fällen der Ziffer 2b und beim Rediskont von Handelswechseln mit nur zwei erstklassigen Unterschriften lediglich um vorübergehende Maßnahmen zur Überbrückung der mit der Währungsumstellung zusammenhängenden Anfangsschwierigkeiten handelt, die wieder aufgehoben werden, sobald sich der Kreditapparat und der Zahlungsverkehr eingespielt haben. Damit der Übergang zum normalen Kreditverkehr nicht plötzlich zu erfolgen braucht, sondern sich allmählich vollziehen kann, legen wir großen Wert darauf, daß die Kreditinstitute die von ihnen hereingenommenen eigenen Wechsel und Handelswechsel, auch soweit sie dieselben rediskontiert haben, sowie die von ihnen gemäß Ziffer 2a eingeräumten Kleinkredite laufend einer strengen Überprüfung im Sinne der in Ziffer 1d und Ziffer 3 gegebenen kreditpolitischen Richtlinien unterziehen und die eigenen Wechsel nach Möglichkeit noch vor Verfall durch echte Warenwechsel ersetzen.

GPSR Compliance

The European Union's (EU) General Product Safety Regulation (GPSR) is a set of rules that requires consumer products to be safe and our obligations to ensure this.

If you have any concerns about our products, you can contact us on ProductSafety@springernature.com

In case Publisher is established outside the EU, the EU authorized representative is:

Springer Nature Customer Service Center GmbH
Europaplatz 3
69115 Heidelberg, Germany

Batch number: 10844675

Printed by Printforce, the Netherlands